한일회담 · 한일협정, 그 후의 한일관계

한일회담·한일협정,
그 후의 한일관계

초판 1쇄 인쇄 2015년 7월 1일
초판 1쇄 발행 2015년 7월 7일

지은이 정재정
펴낸이 김학준
펴낸곳 동북아역사재단

등 록   312-2004-050호(2004년 10월 18일)
주 소   서울시 서대문구 통일로 81 임광빌딩
전 화   02) 2012-6065
팩 스   02) 2012-6189
e-mail book@nahf.or.kr

ⓒ 동북아역사재단, 2015

ISBN 978-89-6187-363-5 03910

＊ 이 책의 출관권 및 저작권은 동북아역사재단에 있습니다.
  저작권법에 의해 보호를 받는 저작물이므로 어떤 형태나 어떤 방법으로도
  무단전재와 무단복제를 금합니다.
＊ 이 도서의 국립중앙도서관 출판예정도서목록(CIP)은
  서지정보유통지원시스템 홈페이지(http://seoji.nl.go.kr)와
  국가자료공동목록시스템(http://www.nl.go.kr/kolisnet)에서 이용하실 수 있습니다.
  (CIP제어번호: CIP2015017771)

그 후의 한일관계

한일회담·한일협정

지은이 정재정

발간사

    금년은 한일국교정상화 50주년이 되는 해입니다. 1965년의 한일국교정상화는 근대 일본의 조선 강점으로 단절되었던 양국 관계를 회복하고 새로운 양국 관계의 출발을 의미하는 역사적 사건이었습니다. 국교정상화 이후 한일 양국은 협력과 경쟁을 통해 서로의 발전을 도모해왔습니다. 그러나 불행하게도 현재 양국은 역사문제로 인한 갈등의 악순환을 벗어나지 못하고 있습니다. 그렇다면 한일협정에서 역사문제는 어떻게 다루어졌고, 지난 반세기 동안 해결된 것은 무엇이고 남겨진 문제는 무엇일까요?

    사실 한일협정만큼 한국 현대사에서 논쟁적이고 민감한 주제도 없을 것입니다. 그럼에도 불구하고 이 책을 발간한 이유는 현재의 한일관계를 이해하기 위해서는 한일관계의 기초가 된 한일협정이 체결된 과정과 그 의의 및 한계를 객관적으로 이해하는 것이 중요하기 때문입니다. 한일협정을 부정적으로 평가하든 긍정적으로 평가하든 객관적인 사실이 토대가 되어야 합니다.

    이 책은 기존의 연구 성과와 자료를 토대로 14년에 걸친 한일회담 과정과 당시의 국제정세, 한일협정의 주요 내용 그리고 그 후의 한일관계가 어떻게 갈등과 협력을 반복해 왔는지를 일반 독자들이 쉽게 알 수 있도록 집필했습니다.

    한일관계에 대한 깊은 고민과 탁월한 식견을 토대로 이 책을 집필해 주신 정재정 서울시립대학교 교수님께 감사의 말씀을 전합니다.

아무쪼록 이 책이 지난 50년간의 한일관계에 대한 잘못된 정보나 편견에서 벗어나 한일관계를 객관적인 자료에 근거하여 종합적·체계적으로 이해하는 데 기여할 수 있는 입문서가 되기를 기원합니다.

2015년 6월 22일

김학준

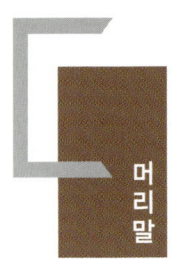

머리말

 이 책은 일본의 패전과 한국의 해방 이후 한일관계의 기본 틀을 규정한 한일협정에 초점을 맞춰 기술한 것이다. 한일협정은 14년 동안 중단과 재개를 되풀이하며 진행된 양자협의, 곧 한일회담을 거쳐 1965년에 체결·발효되었다. 그 후 50년의 세월이 지나는 동안 한일협정의 일부는 개정이 되었고, 다른 일부는 조문은 그대로지만 취지상 보완된 것도 있다. 따라서 한일협정의 내용과 의의 및 그 성격을 제대로 이해하기 위해서는 한일회담과 그 후의 한일관계까지 역사의 안목에서 종합적·체계적으로 살펴보아야 한다. 이 책의 제목을 '한일회담·한일협정, 그 후의 한일관계'로 정한 까닭이 여기에 있다.

 필자가 논쟁에 휩쓸리기 쉬운 이런 책을 일부러 집필한 이유는 위기에 처한 한일관계를 개선하는 데 조금이나마 도움을 주고 싶은 일념 때문이다. 국교정상화 이후 50년이 지난 지금에도 한국과 일본이 정상회담을 꺼릴 정도로 관계가 악화된 이면에는 근대 일본의 한국 지배에 대한 사죄와 반성 및 배상을 둘러싼 태도의 차이 곧 역사인식과 과거사 처리에 관련된 갈등이 깔려 있다. 원래 한일협정이야말로 이런 낡은 문제들을 말끔히 정리하고 우호친선의 새로운 한일관계를 구축하는 계기가 되었어야 마땅했다. 그렇지만 한일협정은 양국뿐만 아니라 국제정세 등이 복잡하게 얽힌 가운데 한국과 일본이 역사인식과 과거사 처리에 대해 의견의 일치를 보지 못한 채 체결되었다. 결국 한일협정의 태생적 결함이 한국과 일본 사이의 갈등을 재생산해오고 있는 셈이다.

 그런데 관점을 좀 달리하면, 한일관계의 위기는 한일협정이 보완되어왔다는 점을 무시한 데서 연유하는 바도 적지 않다고 생각된다. 실제로 한일협정의 주요 부분이었던 어업협정이나 재일한국인의 법적 지위 등은 상황의 변화에 맞게 개정되었고, 역사인식과 과거사 처리에서도 충분하지는 않지만 개선된 측면이 있다. 1990년대 중반 이후 일본의 역대 정부와 수상은 식민지 지배에 대한 사죄와 반성을 표명해왔다. 그리고 재일한국인 원자폭탄 피폭자, 사할린에 버려둔 한국인, 일본군 '위안부' 피해자에 대해서는 부분적으로나마 보상과 비슷한 조처를 취했다. 북관대첩비와 조선왕실의궤 등도 반환되었다. 따라서 국교정상화 50년을 맞아 한국과 일본이 갈등을 극복하고 화해를 실현하기 위해서는 한일협정의 원죄를 규탄하는 데만 머물지 말고 그 이후의 진화까지도 염두에 두고 한일관계 전반을 역사적 관점에서 재점검해봐야 한다고 생각한다. 이 책에는 그러한 문제의식이 배어 있다.

　이 책은 크게 보아 두 부분으로 구성되었다. 전반부에서는 '한일회담·한일협정, 그 후의 한일관계'를 한일협정의 주요 쟁점과 관련된 주제를 기축으로 하여 개관했다. 후반부에는 전반부의 논쟁을 뒷받침하는 자료 곧 한일관계에 관련된 주요 문서의 전문을 게재했다. 독자들이 전반부를 읽으면서 후반부의 자료를 참조하면 '한일회담·한일협정, 그 후의 한일관계'에 대해 정확한 지식과 폭넓은 견해, 균형 잡힌 시각을 지니게 될 것이다.

　이 책을 통해 독자들이 한일관계의 위기를 극복할 수 있는 지혜와 교훈을 얻게 된다면 더 바랄 나위가 없겠다.

2015년 6월
정재정

발간사 _ 4
머리말 _ 6

01 이 책의 문제의식과 논의 방향 _ 10

1) 국교정상화 50년과 한일관계의 위기_ 11
2) '한일회담·한일협정, 그 후의 한일관계'의
   종합적·체계적 파악 _ 14

02 한일회담의 추진과 관련국가의 대응 _ 16

1) 한일회담의 특징 _ 17
2) 한일회담을 둘러싼 국제정세 _ 18
3) 한일회담의 경과와 논점 _ 20
4) 한일협정의 체결과 비준 _ 32
5) 한일회담에 대한 저항과 수습 _ 35

03 한일협정의 내용과 평가 _44

1) 한일협정의 의미_ 45
2) 한일협정의 내용과 한계_ 46
3) 한일협정에 대한 평가_ 59

04 한일관계의 심화와 한일협정의 진화 _67

1) 한일관계의 심화_ 68
2) 한일협정의 진화_ 82

05 한일 국교정상화 50년의 총괄과 전망 _101

1) 국교정상화 50년의 성취_ 102
2) 평화공영을 향한 비전_ 108

부록 : 한일관계 50년 주요 문서 _ 114

후기 _ 188

한일회담·한일협정,
그 후의 한일관계

01
이 책의 문제의식과 논의 방향

1) 국교정상화 50년과 한일관계의 위기

한국과 일본은 1965년 '기본조약'과 '부속협정'을 체결함으로써 '한국강제병합'1910. 8. 22. 대일본제국에 의한 대한제국의 폐멸 이래 비정상적이었던 국교를 정상화했다. 이 책에서는 이때 체결된 일련의 조약을 한일협정이라고 부르고, 거기에 이르는 14년의 양국 간 협의를 한일회담이라고 부르겠다.

국교정상화 이후 50년 동안 한국과 일본은 미국과 각각 안보동맹을 맺고 자유민주주의와 시장경제체제를 공유하면서 정치·경제·사회·문화 등에서 아주 밀접한 관계를 맺어왔다. 웅장한 스케일로 세계 문명의 흥망성쇠興亡盛衰를 탐구한 미국 UCLA의 재러드 다이아몬드Jared Diamond 교수는 한국과 일본의 특별한 인연에 착목하여 자신의 명저《총·균·쇠》에서 두 나라를 유년기를 함께 지낸 '쌍둥이 형제'에 비유했다.

그런데 제삼자의 눈에 '쌍둥이 형제'처럼 닮아 보이는 한국과 일본의 수뇌는 국교정상화 50년이라는 역사의 마디를 맞아 축하의 덕담을 나누기는커녕 왜 서로 얼굴을 마주하는 것조차 피할 정도로 소원해졌는가? 엎친 데 덮친 격으로 한류韓流와 일류日流 등으로 대중문화를 함께 즐기던 두 나라 국민조차 왜 서로 진저리를 칠 정도로 싫어하게 되었는가?

한일관계가 급전직하急轉直下로 나빠진 원인에 대해서는 이미 전문가들의 다각적인 분석이 이루어졌기 때문에 이 책에서 중언부언重言復言할 필요는 없다. 그렇지만 그들이 열거한 각종 원인의 근저에 근대 일본의 한국 지배에 대한 사죄와 배상, 곧 역사인식과 과거사 처리 등을 둘러싼 입장의 차이가 존재하고 있다는 점은 분명하게 확인해둘 필요가 있다. 곧 역사인식과 과거사 처리를 둘러싼 반목과 대립이 한일관계를 뒤틀어지게 만든 근본적 원인인 셈이다.

그런데 역사인식과 과거사 처리를 둘러싼 한국과 일본의 갈등은 국교 정상화 과정, 곧 한일회담과 한일협정에서도 극복하지 못한 채 애매모호曖昧模糊하게 얼버무린 골치 아픈 주제였다. 따라서 국교정상화 50년의 한일관계를 되돌아볼 때나 악화된 한일관계의 원인을 규명할 때는 한일회담의 경과와 한일협정의 내용을 정확히 살펴봐야 한다. 그 속에서 한일관계의 원점으로서의 의미와 한계 등을 찾을 수 있고, 위기를 타개할 수 있는 지혜와 교훈을 얻을 수 있기 때문이다.

한국과 일본의 역대 정부는 한일회담과 한일협정의 한계를 잘 알고 있었기 때문에 역사인식과 과거사 처리 문제가 한일관계의 전반을 손상시키지 않도록 조심스럽게 관리해왔다. 그런데 최근에 양국의 최고 관리 책임자가 신중하게 접근해야 할 이런 문제들을 서툴게 다룸으로써 한일관계를 파국으로 치닫게 만들었다. 그리고 양국의 지도층도 앞서거니 뒤서거니 하면서 국민의 여론을 그런 쪽으로 몰아갔다.

국교정상화 이후 50년이나 지난 시점에서 한국과 일본 사이에서는 왜 이런 현상이 되풀이되는가? 나는 그 배경에 한일회담과 한일협약의 태생적胎生的 한계와 더불어 또 다른 차원의 후생적後生的 원인이 내재되어 있다고 생각한다. 곧 한국과 일본은 국교정상화 이후 50년 동안 절차탁마切磋琢磨하며 함께 만들어온 한일관계의 역사에 대해 무지하거나 편견에 빠져 있다.

한일회담과 한일협약은 분명히 많은 결함을 안고 있지만 양국은 결함을 보완하는 노력을 계속해왔다. 그리고 일정 부분에서는 상당한 성과를 거두었다. 세계사의 차원에서 보면 한국과 일본은 국교정상화 이후 50년 동안 교류와 협력을 통해 자유민주주의와 시장경제 등의 가치를 공유하는 동질의 국가를 건설한 것이다.

그런데도 한국과 일본은 이런 한일관계를 하나의 역사로서 총괄하여 공유하지 못하였다. 단적인 예를 들면, 한국과 일본에서는 국교정상화 이후 50년의 한일관계사를 균형 잡힌 시각에서 체계적·종합적으로 정리하고 평가한 서적이나 영상을 찾아볼 수 없다.

그렇기 때문에 한국과 일본의 서적이나 언론에는 국교정상화 50년의 한일관계에 대해 잘못된 정보와 편향된 보도가 넘쳐난다. 학교교육도 이에 대해 제대로 가르치지 않는다. 한국의 중·고등학생용 한국사 교과서를 예로 들면, 근대 한일관계 1875~1945에 대한 기술은 150여 쪽이나 되지만, 현대 한일관계 1945~2015에 대한 기술은 근대 한일관계와 동일한 기간이지만 3쪽밖에 되지 않는다. 그 내용도 국교정상화 조약 체결과 그에 대한 반대운동, 일본의 역사왜곡과 독도 영유권 주장 등 첨예하게 대립한 사안에 관한 이야기뿐이다. 일본의 중·고등학생용 일본사 교과서도 국교정상화 이후의 한일관계를 아주 소홀히 취급하고 있는 것은 마찬가지다. 다루고 있는 주제나 시각도 한국의 교과서와 거의 유사하다.

한국과 일본의 상황이 이럴진대, 양국의 일반인은 물론이고 여론 주도자나 국정 담당자가 국교정상화 이후 50년의 한일관계에 대해 무지와 오해, 왜곡과 편견의 늪에 빠져 있다 해도 이상한 일이 아니다. 필자는 최근 한일관계가 위기에 직면한 후생적인 원인은 바로 여기에 있다고 생각한다. 따라서 악화된 한일관계를 개선하기 위해서는 한일회담과 한일협정은 물론이고 그 후의 한일관계를 균형 잡힌 시각에서 총괄하고, 그 실상實像을 널리 알리는 것이야말로 양국이 함께해야 할 꼭 필요한 일이다. 이 책은 그러한 작업을 선도하기 위한 입문서로서 만든 것이다. 그리하여 이 책의 제목도 '한일회담·한일협정, 그 후의 한일관계'라고 정했다.

2) '한일회담 · 한일협정, 그 후의 한일관계'의 종합적 · 체계적 파악

국교정상화 이후의 한일관계는 역사인식과 과거사 처리를 둘러싼 갈등만으로 이루어진 것이 아니다. 그 이상으로 교류와 협력이 활발했다. 그뿐만 아니라 역사인식과 과거사 처리에서도 교섭과 타협을 통해 충분하지는 않지만 적지 않은 개선이 이루어졌다. 양국은 안전보장과 경제발전에서도 보조를 맞춰 동아시아의 평화와 번영에 기여했다. 따라서 한일회담과 한일협정이 안고 있던 태생적 결함은 미약하나마 보완된 부분이 있다. 한일협정은 그 후 한일관계의 진전과 함께 진화된 측면도 있는 것이다.

따라서 한일 국교정상화 50년의 역사를 총괄하는 데는 한일회담과 한일협정 그리고 그 후의 한일관계를 일관된 논리와 균형 잡힌 시각에서 체계적體系的 · 종합적綜合的으로 정리하는 자세가 필요하다. 그럴 경우에 갖춰야 할 몇 가지 관점을 제시하면 아래와 같다.

첫째, 장기사적長期史的 · 문명사적文明史的 시각이다. 역사 속의 한일관계는 2천 5백여 년에 걸칠 정도로 길고 깊다. 그 과정에서 한국과 일본은 서로 영향을 주고받으며 나름대로 특색 있는 문명을 형성해왔다. 문명의 전파와 수용은 전쟁 등을 겪으며 폭력과 강제를 통해 이루어진 적도 있고, 평화 속에서 교류와 협력을 통해 이루어진 적도 있었다. 한일회담과 한일협정 그리고 그 후 50년의 한일관계는 어떤 성격을 띠고 있는가? 2천 5백 년이 너무 길다면 적어도 근현대 한일관계 140년[1875~2015]만이라도 시야에 넣고 그 의미를 따져봐야 할 것이다.

둘째, 복합적 · 중층적 관계를 중시한다. 보통 한일관계를 운위할 때는 정치나 경제 또는 역사와 문화 등의 어느 한 측면에 치우치기 쉽다. 그러나 한일관계는 여러 문제가 복잡하게 얽혀 있기 때문에 어느 한 면만을 보고 한일관계 전체를 재단할 수는 없다. 한일관계의 역사를 정리할 때는 인간이동과 문화접변, 전쟁의 충격과 사회변동, 물자의 교역과 생활변화 등의 다양한 측면을 염두에 두어야 한다. 한일회담과 한일협정 그리고 그 후의 한일관계는 복합적·중층적 시각에서 바라봐야 그 전체 모습을 파악할 수 있다.

셋째, 교류협력과 상호의존을 중시한다. 겉으로 보면 한일관계는 반목과 대립으로 점철된 것 같다. 그렇지만 실제로는 그보다 더 많은 교류와 협력이 이루어졌다. 그 결과 각 분야에서 두 나라의 상호의존 관계도 깊어졌다. 한국과 일본에서 이에 대한 평가가 아주 인색하기 때문에 양국 국민이 잘 모르고 있을 뿐이다. 중국의 강성과 남북한의 통일 등에 대비하기 위해서라도 한국과 일본의 교류와 협력은 더욱 필요할 것이다. 그렇다면 한일회담과 한일협정 그리고 그 후 50년의 한일관계를 교류와 협력의 관점에서 살펴보는 것은 공통의 미래를 만들어가는 데도 필요한 작업이다.

넷째, 현재적·모색적摸索的 태도를 갖는다. 한일 양국 사이에는 오래되고 새로운 문제가 끊임없이 발생한다. 한일회담과 한일협정 당시에 양국이 치열하게 논쟁했던 역사인식이나 과거사 처리가 지금도 현안으로 부상하는 것이 좋은 사례다. 따라서 이런 문제들의 내력을 추적하고 극복 방안을 모색하는 자세는 연구자에게 중요한 미덕이자 의무다. 모든 역사는 현대사다. 한일회담과 한일협정 그리고 그 후의 한일관계처럼 이 명구가 잘 들어맞는 경우도 드물다는 것을 명심해야 한다.

한일회담·한일협정,
그 후의 한일관계

02

한일회담의 추진과
관련국가의 대응

1) 한일회담의 특징

　현대의 한일관계를 규정하는 기본 틀은 1965년에 한국과 일본이 맺은 일련의 한일조약이다. 이른바 한일협정이다. 두 나라는 이 조약을 체결하기 위해 1951년 10월부터 1965년 6월까지 14년에 걸쳐 끈질기게 교섭을 되풀이했다. 흔히 말하는 한일회담이 그것이다.
　한일회담의 목적은 한국에 대한 일본의 식민지 지배에서 유래된 여러 문제를 정리·극복하고, 그 바탕 위에서 한국과 일본이 단절된 국교를 다시 수립하는 것이었다. 한일회담은 양국의 수석대표가 참가한 공식회의만 7차례나 되었고, 비공식 교섭은 1,500회 이상이었다. 이는 한국과 일본 사이에 해결해야 할 난제難題가 산적해 있고, 서로의 오해와 불신, 이견과 갈등이 그만큼 심각했음을 의미한다.
　14년이라는 긴 세월 동안 중단과 재개를 되풀이하며 지속된 한일회담은 세계에서 유례를 찾기 어려운 마라톤회담이었다. 한일회담은 다음 세 가지 점에서 대단히 복잡하고 곤란한 교섭이었다.
　첫째, 교섭이 장기화되고 중단과 반복을 되풀이했다.
　둘째, 시작부터 타결까지 미국이 한일 양국에 깊은 영향력을 행사했다.
　셋째, 기본관계, 청구권, 어업·평화선, 재일한국인의 법적 지위, 문화재 반환 등의 복수 의제가 동시에 다루어졌다.
　이에 따라 한일회담은 한일 양국의 외교역량이 집결된 엄중한 교섭이 될 수밖에 없었다. 한국과 일본은 해방과 패전 직후부터 이미 한일회담이 열릴 것에 대비하여 치밀한 준비를 하고 있었다. 한국은 남북이 분단된 상황에서 승전국으로서의 지위를 모색했고, 일본은 미군이 점령한 상황에서 패전국으로서 활로를 모색했다. 한국 정부는 일본에 대한 배상 요구 자료를 만들었고, 일본 정부는 이것을 상쇄할 수 있는 해외 재산의 조사를 실시했다. 또 한일 양국은 샌프란시스코강화조약을 겨냥하여 미국 등을 상대로 자국에 유리한 환경이 조성되도록 치열한 외교활동을 전개했다.

2) 한일회담을 둘러싼 국제정세

한국과 일본의 현대사에서 큰 부분을 차지하는 한일회담은 당연히 한국과 일본이 주체가 되어 맞붙은 외교전쟁이었다. 그 과정에서 두 나라는 서로 명분과 실리를 최대한 확보하기 위해 온갖 지혜와 술수를 동원했다.

그런데 이면裏面에서 한국과 일본을 직접 간접으로 채근하여 한일회담을 계속하게 만들고 한일협정을 맺도록 힘을 쏟은 나라는 미국이었다. 실제로 중요한 결정은 한일 양국 관계자의 직접교섭을 통해서가 아니라 워싱턴의 미국 정부를 통해 이루어진 경우가 적지 않았다.

따라서 한일회담과 한일협정은 한국과 일본의 이해관계와 미국의 세계전략이 서로 맞물려 추진된 삼국의 프로젝트 곧 삼인사각三人四脚의 경주였다고 보는 게 타당하다. 해방된 지 얼마 지나지 않은 한국은 6·25전쟁과 남북대결 등 최악의 내우외환內憂外患 속에서 제국외교帝國外交의 경험이 풍부한 미국과 일본을 상대로 힘겨운 샅바싸움을 벌이지 않으면 안 되었다.

1945년 제2차 세계대전이 끝날 무렵 미국의 루스벨트Franklin D. Roosevelt 대통령이 구상한 동북아시아 정책은 일본을 철저히 약화시키고 전쟁 기간 우방이었던 소련·중국과 협조함으로써 평화체제를 구축하는 것이었다. 곧 일본을 공업생산 능력이 없는 농업국가로 만드는 전략이었다.

그러나 루스벨트 대통령의 뒤를 이은 트루먼Harry S. Truman 대통령은 일본의 약체화 정책을 대폭 수정했다. 전쟁이 끝나자마자 소련은 동유럽에 공산주의 위성국가를 세우고 북한에서 사실상의 군정을 실시하는 등 팽창정책을 추진했다. 미국은 이에 맞서 서유럽을 자본주의 진영으로 재건하고 남한을 반공의 방파제로 만드는 봉쇄정책을 펼쳤다. 한반도에는 체제와 이념이 상충하는 분단국가가 수립되고 미·소가 정면으로 부딪치는 대결국면이 형성되었다. 중국에서는 치열한 내전 끝에 1949년 10월 10일 대륙에 공산당의 중화인민공화국이, 대만에 국민당의 중화민국이 분립하는 형세가 나타났다.

이에 미국은 일본마저 소련과 중국의 영향권에 들어가면 자국과 태평양의 안보가 아주 위험해질 것이라고 판단했다. 그리하여 트루먼 대통령은 동아시아 정책을 대폭 수정하여 일본을 냉전의 동반자로 육성하는 방향으로 전환했다. 일본을 군사력을 배제한 공업국가로 육성함으로써 전쟁 억지력을 배양하고, 한일협력체제를 구축하여 공산주의 세력의 위협에 맞서려 한 것이다.

1950년 6월 북한의 전면 남침으로 한반도에서 6·25전쟁이 발발하자 냉전은 열전으로 폭발했다. 이에 미국은 일본을 공산주의 세력의 팽창을 봉쇄하는 일원으로 재편하는 정책을 적극 추진했다. 1951년 9월 미국을 중심으로 한 연합국이 일본의 전쟁책임을 관대하게 처리한 샌프란시스코강화조약을 체결했다. 그와 함께 미국이 일본에 주둔하고 개입함으로써 일본의 안전을 확고히 보장한다는 것을 골자로 한 미일안보조약도 맺어졌다. 미국은 그 연장선상에서 한국과 일본이 국교를 수립하여 지역협력체제를 구축하도록 권고했다. 한국과 일본은 미국의 요청을 받아들여 1951년 10월부터 한일회담을 시작했다.

한편 한일 양국의 경제 및 안보 욕구도 한일회담을 추진하고 한일조약을 체결하게 만든 한 요인이었다. 북한과 대치하면서 빈곤에 허덕이고 있던 한국은 1950년대 말에 자립을 향한 경제개발계획을 수립하고

1960년대 초부터는 실행을 추진했다. 국내의 자본축적이 허약했던 한국이 이 계획을 실천에 옮기기 위해서는 싫든 좋든 외국 자본에 의존할 수밖에 없었다. 그런데 한국의 최대 원조국가였던 미국의 사정이 녹록치 않았다. 미국은 소련과 경쟁하는 과정에서 군사비와 원조비를 과도하게 지출해 재정적자에 빠졌다. 그리하여 미국의 한국 원조는 해마다 감소일로를 걷고 있었다.

한국 정부는 전후복구와 경제개발에 필요한 외국 자본을 도입할 수 있는 나라로 일본을 상정했다. 당시 일본 경제는 고도성장을 지속하고 있었다. 아시아-태평양전쟁으로 황폐화된 일본 경제는 6·25전쟁의 특수를 호기로 활용해 사상 초유의 급속한 부흥을 이룩했다. 나아가 일본은 1950년대 중반부터 소련을 비롯한 공산주의 국가들과 관계개선을 도모하고, 북한에 대해서도 민간의 경제·문화 교류를 용인하는 정책을 구사했다.

1960년대 들어서 더욱 기세가 등등해진 일본의 경제계는 자연히 한국 시장에도 눈독을 들이게 되었다. 이런 상황 속에서 한국과 일본은 상대방이 자국의 경제와 안보에 필요한 존재임을 새삼스럽게 자각하게 되었다. 두 나라는 지리적·문화적으로 가까울 뿐만 아니라 자유민주주의와 시장경제를 표방하고 있었기 때문에 교류와 협력의 외형적 조건은 잘 갖춰져 있었다.

3) 한일회담의 경과와 논점

(1) 1~5차 회담(1952. 2~1961. 5)

한일회담은 시종일관 팽팽한 긴장과 갈등, 대립과 반전 속에 진행되었다. 그 분위기는 한일회담의 예비회담[1951. 10. 20~1952. 2]부터 감지되었다. 예비회담은 미국의 주선으로 개최되었는데, 연합국 최고사령부 외교국장 시볼트William J. Sebald가 입회했다.

도쿄東京에서 열린 예비회담의 주요 의제는 재일한국인의 법적 지위와 어업 문제였다. 당시 일본에는 64만여 명의 한국인이 거주하고 있었는데, 국적을 포함하여 이들의 법적 지위는 대단히 불안했다. 한국 측은 이들에게 영주권 부여, 강제퇴거 금지, 일본인과 동등한 대우, 생활보호비 지급, 귀국시 동산 휴대의 권리 허용 등을 일본에 요구했다. 일본 측은 이에 쉽사리 응하지 않았다.

어업 문제와 관련해서는 한국이 나포하고 억류한 일본 어선과 어민의 송환 문제가 논의되었다. 당시 한국과 일본 사이에는 '맥아더라인'제2차 세계대전이 끝난 이후 연합국 최고사령부가 일본 어선의 어로활동을 규제하기 위해 설정한 영역이 존재했다. 한국은 맥아더라인을 넘어 한국 쪽 바다에서 어로활동을 한 일본의 어선 27척, 어민 330명을 붙잡고 있었다. 그런데 회의 중인 1952년 1월 18일 이승만 대통령은 '대한민국 인접 해양의 주권에 대한 대통령의 선언'이른바 '이승만라인' 또는 '평화선'을 선포했다. 샌프란시스코강화조약의 발효로 맥아더라인이 철폐될 것에 대비하기 위한 조처였다. 평화선은 맥아더라인보다 일본 쪽으로 좀 더 많이 치우쳐 있었다. 독도는 평화선 안쪽에 들어와 있어서 자연히 한국 영토로 편입되었다. 하지만 일본은 이를 일절 인정하지 않는다는 태도를 표명했다.

이어서 열린 제1차 회담1952. 2. 15~1952. 4. 21에서는 기본관계, 재일한국인의 법적 지위, 재산과 청구권, 어업, 해저전선의 분할, 선박 등의 문제가 의제로 채택되었다. 그중 재산과 청구권, 어업, 기본관계 등을 둘러싸고 신랄한 설전이 벌어졌다. 일본은 한국에 남겨놓은 일본의 재산을 돌려달라고 요구했다. 일본은 이 요구로 한국의 대일 청구권과 연합국의 대일 배상청구를 상쇄할 속셈이었다. 한국 측은 일본 측의 주장이 비이

성적이고 비논리적이라고 거세게 반발했다.

　한국 측과 일본 측은 기본관계 수립을 둘러싸고도 충돌했다. 한국은 '기본조약' 체결을, 일본은 '우호조약' 체결을 주장했다. 명칭은 절충 끝에 '기본관계를 설정하는 조약'으로 잠정 결정됐다. 문제는 한국 측이 제시한 "대한민국과 일본국은 1910년 8월 22일 이전에 체결된 모든 조약이 무효라는 것을 확인한다"라는 조항을 둘러싸고 발생했다. 일본 측은 이 조항이 일본 국민의 감정을 자극할 우려가 있으므로 필요 없다고 주장한 반면, 한국 측은 일본 국민이 깨달음을 통해 민주주의로 재출발하는 선언이 될 수 있다며 옹호했다. 양측은 절충 끝에 '이미 효력을 상실했다'는 표현으로 합의했다. 그렇지만 이것은 '애초부터 원천적으로 무효'라는 시각과는 거리가 멀었다. 제1차 회담은 결국 일본의 대한 청구권 주장 등에서 양측이 심각한 의견 차이를 드러낸 채 중단되었다.

　제2차 회담1953. 4. 15~1953. 7. 23은 일본 측의 요구에 따라 개최되었다. 1952년 12월 클라크Mark W. Clark 유엔군 사령관과 머피Robert D. Murphy 주일 미국 대사는 이승만 대통령을 도쿄로 초청하여 요시다 시게루吉田茂 총리와 회담을 갖도록 주선했다. 이승만 대통령은 일본이 조선 통치에 대해 사죄해야 한다고 말했다. 요시다 총리는 군벌이 한 일이라고 답변하고, 두 나라는 공산주의의 침략에 직면해 있으므로 우호관계에 노력해야 한다고 강조했다. 둘은 제2차 한일회담을 열기로 합의했다. 그런데 일본이 대한 청구권을 포기하지 않은데다가 평화선을 침범한 일본 선원이 사살되는 사건이 일어나 회담은 좀처럼 열리지 못했다.

　제2차 회담은 미국의 압력 아래 개최되었다. 한국은 일본의 대한 청구권 철회를, 일본은 평화선 철폐를 요구했다. 거기에다 재일 한국인의 법적 지위, 어업, 독도 문제 등을 둘러싸고 이견을 좁히지 못해 결국 결렬되었다.

^ 이승만 대통령의 두 번째 일본 방문 1952년 초에 평화선을 선포한 이승만 대통령은 이듬해 1월 5일 두 번째로 일본을 방문, 요시다 시게루 총리를 만나서 '일본이 양보하면 국교재개에 응할 용의가 있다'는 의사를 밝혔다. 사진은 오른쪽부터 김용식 주일대표부 대사, 클라크 유엔군 사령관, 이승만 대통령, 요시다 시게루 일본 총리다. (동아일보, 1953. 1. 5)

제3차 회담1953. 10. 6~1953. 10. 21은 6·25전쟁이 휴전으로 끝난 뒤 개최되었다. 한국 측은 일본의 대한 청구권을 인정할 수 없으며, 평화선은 미국의 트루먼 대통령이 발표한 '보존수역과 대륙붕에 관한 선언'1945. 9. 28과 마찬가지로 국제법상 합법이라는 점을 강조했다. 일본 측은 일본의 대한 청구권을 결코 철회할 수 없고, 트루먼선언은 평화선의 선례가 아니라고 응수했다.

그런데 제3차 회담은 본격적인 토론에 들어가기도 전에 일본 측 수석대표 구보타 간이치로久保田貫一郎가 '망언'妄言을 함으로써 암초에 부딪혔다. 그는 "대일 강화조약 체결 이전에 수립된 한국 정부는 불법적 존재다", "일본의 한국 통치는 한국인에게 유익한 점도 많았다", "카이로선언에서 한국 민족이 노예상태에 놓여 있다고 언급한 것은 전시 히스테리의 표현이다", "미군정이 일본의 재산을 한국에 넘겨준 것은 국제법 위반이다", "연합국이 일본 국민을 한국에서 송환한 것도 국제법 위반이다" 등의 발언을 했다.

한국 측은 구보타의 '망언'에 맹렬히 항의하고 발언의 진의를 따졌지만 구보타는 자신의 발언을 철회하지 않았다. 회담은 결렬되었다. 일본 외무상도 구보타의 발언을 옹호했고 일본의 여당은 물론 야당도 이를 지지했다. 언론도 이의를 제기하지 않았다. 당시에는 일본 전체가 식민지 지배에 대한 반성이나 사죄의식을 거의 가지고 있지 않았다고 해도 과언이 아니었다. 그리하여 제3차 회담도 무산되었다.

예비회담에서 제3차 회담까지, 한일회담은 일본을 6·25전쟁에 직접 가담시키려는 미국의 압력에 밀려 추진되었다. 그런데 회담에 참가한 한일 양국의 대표는 식민지 지배에 대해 전혀 다른 시각을 드러냄으로써 실질적인 토의가 힘든 상황을 연출했다. 한국 측은 일본의 식민지 지배가 불법적인 데다가 한국인에게 막대한 손해와 희생을 강요했으므로 사죄와 배상을 하라고 요구했다. 반면 일본 측은 식민지 지배가 합법적인 것이었고, 일본인은 한국에서 정상적인 경제활동을 통해 부를 축적했으므로 한반도에 두고 온 일본인의 사유재산을 돌려달라고 요구했다
<u>이른바 역청구권</u>.

이런 상황 속에서 한국은 평화선을 침범한 일본 어선과 어민을 나포했고, 일본은 밀입국한 한국인을 강제수용소에 억류했다. 양국 관계는 날로 악화되었다. 한일회담 역시 장기간 중단상태에 빠졌다. 그 사이에 일본은 오히려 북한과 국교정상화 교섭을 시도했다. 한국은 '반공·반북'의 주의 주장에 입각하여 대일 강경자세를 고수했다.

< 1959년 12월 21일 일본 니가타 항에서 재일동포들을 태우고 있는 제2차 북송선
(동아일보, 2009. 12. 14)

제4차 회담1958.4.15~1960.4.15은 4년 반의 공백을 거쳐 재개되었다. 일본의 기시 노부스케岸信介 정부1957.2~1960.6는 최악의 상태에 빠진 한일관계를 개선하려는 의욕을 보였다. 기시 정부는 유엔의 유권해석을 얻어 일본인의 재산청구권을 포기하고, 미국의 권고를 받아들여 구보타 발언을 철회했다. 기시 정부는 유권자의 환심을 사기 위해 한국에 억류된 일본 어선과 어민의 석방을 바랐고, 이를 실현하기 위해 한국에 약간 유화적인 태도를 보였다.

제4차 회담이 열린 다음 날, 106점의 문화재가 한국에 반환되었다. 이렇게 해서 열린 제4차 회담에서는 일본이 패전 전에 반출한 문화재의 반환, 한국이 억류한 일본인 어부와 일본이 잡아둔 한국인 밀항자의 상호 석방, 한국이 주장하는 대일 청구권의 법적 근거, 한국이 선포한 평화선의 합법성 여부 등이 논의되었다. 그전처럼 어업과 청구권 문제를 둘러싸고 심한 이견이 표출되었다.

그런데 제4차 회담에서는 새로운 복병이 등장했다. 일본이 한국의 격렬한 반대에도 불구하고 재일한국인의 '북송'을 추진하고, 오무라수용소에 갇혀 있으면서 북한으로 돌아가고 싶어 하는 자를 가석방했기 때문이다. 이는 이승만 정부의 반일감정을 극도로 자극했다. 한국에서는 '재일동포'의 '북송'을 반대하는 반일시위가 전국을 휩쓸었다. 일본과 북한은 이에 아랑곳하지 않고 재일한국인의 북송협정을 체결했다.

한국과 일본은 미국의 중재 속에서 제4차 회담을 속개하고 양국이 억류한 상대 국민의 상호 석방을 결정했다. 일본 정부는 외환사정이 궁핍한 한국을 배려해 한국산 쌀 3만 톤을 수입하기로 하는 등 유화적인 태도를 보였다. 그런 가운데 1960년 4월 19일 한국에서 학생혁명이 일어나 곧 이승만 정부가 붕괴되었고 제4차 회담은 중단되었다.

제5차 회담[1960. 10. 25~1961. 5. 15]은 양국의 정부가 교체된 가운데 열렸다. 한국에서는 민주당의 장면張勉 정부가, 일본에서는 자민당의 이케다 하야토池田勇人 정부[1960. 7~1964. 10]가 등장했다. 장면 정부는 대일관계 개선을 위해 한일회담에 적극적인 자세로 임했다. 반면 이케다 정부는 야당의 반대를 우려하여 소극적인 태도를 취했다.

제5차 회담에서는 주로 한국 측이 제시한 청구권 항목, 일본 측이 요구한 어업·평화선 문제 등이 논의되었다. 그러나 양측의 의견을 수렴하지 못한 상황에서 1961년 5월 16일 한국에서 군사정변이 일어나자 제5차 회담도 중단되었다.

(2) 6~7차 회담(1961. 10~1965. 6)

1960년 이후 1년 사이에 한국, 일본, 미국에 새 정부가 들어섰다. 한일회담을 둘러싸고 갈등과 대립, 중재와 타협을 벌여온 주자走者들이 모두 바뀐 셈이다. 관련 국가들의 정권교체는 동북아시아의 국제정세에 변화를 가져왔고, 이러한 분위기는 한일회담 추진에 유리한 배경이 되었다.

5·16 군사정변을 통해 집권한 박정희 정부는 빈곤의 나락에 빠진 민중생활의 향상을 최우선 과제로 설정했다. 그리고 외국 자본을 도입하여 경제를 발전시키고 자유우방이나 이웃 나라와 외교관계를 강화하겠다는 방침을 내걸었다. 안전보장의 측면에서 일본을 후방기지로 삼고 싶은 욕망도 있었다.

  경제개발과 안전보장을 가장 큰 목표로 내세운 한국의 새 집권 세력은 일본을 주요 자금원으로 삼을 수 있다고 기대했다. 그리고 구체적인 행동으로서 1961년 가을 경제기획원장관을 일본에 특사로 파견하여 청구권 금액의 윤곽을 탐색했다. 이때 한국은 8억 달러, 일본은 5천만 달러를 청구권 금액 타결선으로 제시했다. 하늘과 땅 차이였다.

  한편 일본의 이케다 하야토 정부는 미국과 동맹을 맺은 안보체제 속에서 지속적인 경제성장과 국민소득의 증대를 꾀하고 있었다. 고도성장을 지속하던 일본의 경제계도 해외진출을 모색하고 있었기 때문에 경제협력을 중시하는 쪽으로 선회하는 한일회담을 굳이 반대할 이유가 없었다.

  미국 또한 한일회담의 진전을 강력히 희망했다. 케네디John F. Kennedy 정부는 한일 양국의 안전보장과 경제발전이 밀접히 관련되어 있다는 점을 강조했다. 나아가서 양국에게 회담에 좀 더 적극적인 자세로 나설 것을 요구했다. 미국은 일본이 한국과 경제협력을 강화함으로써 공산주의와 대치하고 있는 한국의 안전보장을 강화할 수 있다고 보았다. 이는 결과적으로 일본의 안전보장과 경제발전에도 도움이 된다는 논리이른바 동아시아 안보론를 가지고 미국은 한국과 일본을 설득했다.

  제6차 회담1961. 10. 20~1964. 4은 동아시아 안전보장을 위한 경제협력론이 우세한 가운데 개최되었다. 미국 방문길에 나선 박정희 의장과 이케다 총리는 1961년 11월 12일 도쿄에서 정상회담을 갖고 한일회담의 조기 타결을 모색했다. 제6차 회담에서는 한국 측이 제시한 해양의 전관수역배타적 경제수역안, 문화재 반환의 항목 등이 논의되었다. 그런데 청구권의 명목과 액수, 평화선, 독도 영유권 등의 문제를 둘러싸고 서로 이견을 좁히지 못해 회담은 또다시 교착상태에 빠졌다. 다만 청구권에 대해서는 배상적 성격이 아니고 경제협력 방안이 될 수 있다는 선에서 합의가 이루어졌다.

이케다 정부가 청구권 문제를 경제협력 방식으로 해결하려 한 것은 한국 정부의 의중을 꿰뚫은 것이었다. 이케다 정부는 경제적 곤란과 개발자금 부족으로 어려움을 겪고 있는 한국의 군사정부에 유상·무상의 일본의 역무役務를 제공함으로써 한국의 청구권 요구를 묵살하고 일본 기업의 한국 진출을 선도하겠다는 속셈이었다.

∧ 1962년 11월 12일 도쿄에서 만난 김종필 중앙정보부장(왼쪽)과 오히라 일본 외상 김종필은 오히라와 만나 무상원조 3억 달러, 유상원조 2억 달러, 민간 차관 1억 달러를 내용으로 하는 청구권자금 규모에 합의하고 메모를 작성했다. (조선일보, 1962. 11. 12)

제6차 회담 기간에 이루어진 한국과 일본의 많은 절충은 경제협력 방식의 구체안을 협의하는 것이었다. 그 과정에서 양국은 청구권자금의 총액과 명목을 일괄 타결하는 쪽으로 의견을 모았다. 한국 측은 순수변제 3억 달러에 무상원조 3억 달러 안을 제시했다. 일본은 청구권 명목으로는 7천만 달러를 넘을 수 없고 청구권, 무상원조, 장기차관을 합치는 방식으로 3억 달러를 내정했다.

박정희 정부는 한일회담을 조기에 타결하기 위해 1962년 10월과 11월 중앙정보부장 김종필金鍾泌이 미국을 왕복하는 길에 일본에 들러 외무대신 오히라 마사요시大平正芳와 담판을 짓도록 했다. 1962년 11월 12일 김종필과 오히라는 일본 외무성에서 장시간의 담판 끝에 이른바 '김종필·오히라 메모'를 작성했다. 이로써 청구권 문제의 해결과 한일회담의 진전에 돌파구가 마련됐다이에 대한 자세한 내용은 부록 한일관계 50년 주요 문서 1을 참조할 것. 일본이 한국에 제공할 금액은 무상원조 3억 달러, 유상원조 2억 달러, 민간차관 1억 달러 이상이었다. 그렇지만 이 메모에는 자금의 명목에 대한 언급이 없었다. 명칭에 대해서는 나중에 협의하기로 했지만, 한국은 '청구권자금'으로, 일본은 '경제협력자금'으로 해석할 여지를 남긴 셈이다.

1960년대 중반 한일 양국이 한일회담을 조기 타결하는 방향으로 선회한 배경에는 급변하는 동아시아의 국제정세에 대응하려는 의지가 작용했다. 중국이 핵실험에 성공하고 베트남전쟁은 격화되었다. 로스토Walt W. Rostow를 비롯한 전문가들은 한·미·일 삼국 정부에게 한일관계를 정상화시킬 것을 촉구했다. 동아시아의 안전보장과 경제발전을 위해서는 한·일의 교류협력이 반드시 필요하다는 논리가 더욱 힘을 얻어갔다.

이런 국내외 정세 속에서 한일회담은 제6차부터 논의의 초점에 변화가 나타났다. 종래에는 한국에 대한 일본의 식민지 지배를 어떻게 평가하고 처리할 것인가가 논쟁의 중심이었다. 그런데 제6차 회담 이후에는 한국의 청구권 주장과 일본의 경제협력 논리를 절충하는 선에서 타협하는 방향으로 선회했다. 양국이 명분싸움에서 벗어나 실리추구 쪽으로 회담의 방향을 바꾼 것이다. 그렇지만 이에 대한 한국 내부의 반발과 저항은 거세고 끈질겼다. '김종필·오히라 메모' 이후 한일회담은 한국의 정치변동과 반대운동의 격화로 2년여 동안 정체되었다.

제7차 회담1964. 12. 3~1965. 6. 22은 박정희 정부가 야당, 학생, 시민의 치열한 반대운동을 무력으로 탄압하는 상황 속에서 개최되었다. 제7차 회담에서는 주로 '기본조약'의 내용을 검토하고 문서를 작성하는 작업을 했다.

한국과 일본의 의견이 충돌한 사안은 두 가지였다. 하나는 과거 조약의 무효 시점이었다. 한국은 1910년 '한국강제병합조약'과 그 이전의 협약이 원천적으로 무효라고 주장했다. 일본은 과거 조약이 일본의 패전 혹은 대한민국의 수립까지는 유효하며 합법적이었다고 주장했다. 또 하나는 한국의 관할권이었다. 한국은 한반도 전역의 유일 합법정부임을 주장했고, 일본은 북한을 고려해 유엔총회 결의에 명시된 범위의 합법 정부라는 표현을 고집했다.

두 가지 쟁점은 양국의 외무장관이 회담을 통해 정치적으로 타결하는 방식을 택했다. 이동원李東元과 시이나 에쓰사부로椎名悅三郎는 구舊조약 무효 문제와 관련해서는 '이미 무효이다'라는 문구를 삽입하고, 유일 합법성 문제는 '유엔총회 결의 제195(Ⅲ)호에 명시된 바와 같은 한반도에서의 유일한 합법적인 정부'라는 문구로 의견을 모았다. 한국 정부는 '이미'라는 시점을 구조약을 체결한 때부터로, 일본 정부는 일본의 패전 이후로 해석했다. 한국의 관할권도 한국 정부는 한반도 전체를, 일본 정부는 38도선 이남을 상정하고 있었다.

∧ 한국 측의 이동원 외무장관과 일본 측 시이나 외상이 참석한 가운데 양국 관련 대표가 한일 기본조약을 가조인하고 있다. (조선일보, 1965. 2. 20)

결국 식민지 지배의 청산을 다룬 '기본조약'은 한국과 일본이 식민지 지배 그 자체를 어떻게 이해하고 평가하는가에 대해서조차 의견의 일치를 보지 못한 채 마무리되었다. 그리하여 역사인식의 문제는 두고두고 논쟁과 갈등을 불러일으키는 화근으로 남았다.

1960년대 중반 이후 국제정세의 변화도 한일회담의 조기 타결을 재촉했다. 베트남전쟁에 본격적으로 가담한 미국은 한일 유대가 아시아의 반공전선을 강화하는 데 제일 요건이라 여기고 한국과 일본을 독려했다.

일본에서는 사토 에이사쿠佐藤榮作 정부1964. 11~1972. 6가 출범하여 한일회담에 적극적으로 나섰다. 그렇다고 해서 '과거사'에 대한 일본의 태도가 바뀐 것은 아니었다. 일본의 수석대표 다카스기 신이치高杉晋一는 "일본은 조선을 좀 더 좋게 만들려고 식민지로 지배했다", "일본의 노력은 결국 전쟁으로 좌절되었지만 조선을 20년 정도 더 가지고 있었으면 좋았을 것이다"라고 발언하여 물의를 일으켰다. 구보타 '망언'보다도 한술 더 뜬 것이다.

4) 한일협정의 체결과 비준

1965년에 들어서서 한국과 일본은 한일협정의 체결을 서둘렀다. 그 일환으로서 일본 정부는 시이나 에쓰사부로 외무대신을 한국에 파견했다. 1965년 2월 17일 김포공항에 내린 시이나는 "두 나라의 긴 역사 중에 불행한 기간이 있었던 것은 매우 유감스러운 일이며 깊이 반성한다"는 성명서를 낭독했다. 불행의 시기와 가해의 주체가 분명하지 않은 미지근한 사죄와 반성이었지만, 종래의 '망언'보다는 훨씬 진전된 역사인식이었다.

한국의 이동원 외무장관과 일본의 시이나 외무대신은 1965년 2월 20일 서울에서 한일 기본관계조약을 가조인했다. 양측 대표는 그 직후 공동성명을 발표하고 한일협정의 체결에 임하는 결의를 거듭 다짐했다 이에 대한 구체적인 내용은 부록 한일관계 50년 주요 문서 2를 참조할 것. 청구권과 경제협력, 어업, 재일한인의 법적 지위 등에 관한 협정은 4월 3일 도쿄에서 가조인되었다. 그리고 6월 22일 양국의 두 전권대표는 일본의 총리 관저에서 한일협정을 모두 정식 조인했다.

박정희 대통령은 한일협정이 조인된 다음 날 특별담화를 발표했다. 그 골자는 '어제의 원수라 해도 오늘과 내일을 위해 필요하다면 일본 사람과도 손을 잡아야 하는 것이 국리민복國利民福을 도모하는 현명한 대처다. 국교정상화가 앞으로 우리에게 좋은 결과를 가져오느냐 불행한 결과를 가져오느냐는 우리의 주체의식이 어느 정도 건재하느냐, 우리의

∧ 1965년 6월 22일 일본 도쿄의 총리 관저에서 한일협정 정식 조인 이동원 외무장관이 한국 측 대표로 참석했다. (조선일보. 1965. 6. 22)

자세가 얼마나 바르고 우리의 각오가 얼마나 굳으냐에 달려 있다'는 것이었다. 국민의 이해와 분발을 촉구한 담화였다.

한일 양국 정부가 험난한 과정을 거쳐 조인한 한일협정은 국회에서도 아주 변칙적인 방법을 통해 비준되었다. 박정희 정부와 민주공화당은 1965년 7월 14일 베트남 파병 동의안과 한일협정 비준 동의안을 단독으로 국회에 보고 발의했다. 그리고 8월 14일 여당 의원의 찬성만으로 한일협정 비준 동의안의 통과를 강행했다.

< 박정희 대통령의 국민을 향한 호소 1965년 6월 23일 박정희 대통령은 텔레비전 중계를 통해 한일협정 조인에 대해 국민의 이해와 협조를 당부하는 특별담화를 발표했다. (조선일보, 1965. 6. 23)

    1년여 전 계엄령을 선포하여 한일회담에 대한 반대운동을 무력으로 진압했던 박정희 정부는 이번에는 위수령을 발동하고 군대를 진주시켜 비준반대운동을 탄압했다. 대학에는 휴교조치가 내려졌다. 국민에 대한 설득에도 나섰다.

    일본 국회도 여당 주도하에 한일조약 비준 동의안을 통과시켰다. 일본 국회는 1965년 11월 6일 중의원 일한특별위원회, 11월 12일 중의원 본회의, 12월 12일 참의원 본회의 순서를 거쳐 무리하게 비준 동의안을 통과시켰다.

강온의 차이는 있었지만 한국과 일본에서 국민의 반대 여론을 무릅쓰고 체결된 한일협정은 양국이 1965년 12월 18일 비준서를 교환함으로써 즉시 발효되었다.

5) 한일회담에 대한 저항과 수습

(1) 한국의 반대투쟁

한국의 한일회담 반대투쟁은 크게 두 단계로 나누어볼 수 있다. 첫 번째 단계는 1964년 3월 6일 '대일굴욕외교반대범국민투쟁위원회' 결성에서 비상계엄령이 발동되는 6월 3일까지다. 두 번째 단계는 1965년 2월 17일 시이나 외상의 방한에서 위수령·휴교령이 발동되는 9월 초까지다.

한국과 일본이 적극적으로 추진한 한일회담은 1963년에 양국의 정치 변화와 맞물리면서 답보상태를 면치 못했다. 박정희 의장은 군을 전역하여 민주공화당 대통령 후보로 출마했다. 그리고 1963년 말의 대통령 선거에서 당선되었다. 그는 한일회담의 일괄타결 방침을 굳혔고, 정부와 여당도 한일회담을 빨리 매듭짓는다는 원칙을 확정했다. 일본에서 새로 출범한 이케다 정부도 한국의 움직임을 환영한다는 뜻을 천명했다.

1964년 3월, 한일회담이 급속히 진전될 기미를 보이자 야당은 물론 종교·사회·문화단체의 대표와 재야인사 등 2백여 명이 '대일굴욕외교반대범국민투쟁위원회'범투위를 결성하고 반대투쟁에 나섰다. 이들은 부산, 목포, 마산, 광주, 대구, 서울 등에서 집회를 열고 한일회담 과정에서 보여준 박정희 정부의 굴욕적 저자세, 일본에 의존적인 태도, 국민참여를 배제한 정치흥정 등을 비판했다.

∧ 한일회담 반대 집회를 갖고 거리 시위를 하기 위해 교문을 나서고 있는 서울대학교 문리과대학 학생들 (조선일보, 1964. 3. 24)

한일회담 반대의 열기는 3월 24일 대학가의 대규모 시위로 폭발했다. 김종필 민주공화당 의장이 도쿄에서 오히라 외상을 만나 한일회담 일정에 합의한 것이 대학생들의 시위에 불을 붙였다. 서울대학교 문리대에서는 '제국주의자 및 민족반역자의 화형 집행식'이 열려, 이케다 총리와 김종필 의장을 상징하는 매국노 이완용李完用의 상에 불을 질렀다. 대학생들은 한일회담을 반대하는 선언문과 성명을 발표하고, 한일회담의 즉각 중지, 평화선 사수, 국내 매판자본의 타살, 미국의 한일회담 관여 금지 등을 요구했다. 학생들의 시위는 다른 대학과 고등학교에서도 일어났다.

한일회담 반대운동이 대학가에서 들불처럼 번지자 박정희 대통령은 특별담화를 발표했다. 학생들의 우국충정은 이해하지만 시위는 외교에 더 이상 도움이 안 된다는 것이었다. 그러나 이후 시위는 더욱 확산되어 고등학교 학생들로까지 번졌다. 학생 데모는 한일회담 반대뿐만 아니라 박정희 정부가 구호로 내걸었던 '민족적 민주주의'에 대한 비판까지도 겨냥했다. 이에 박정희 정부는 김종필을 공화당 의장직에서 물러나게 하고 한일회담 대표를 직업 외교관으로 교체했다. 학생들은 일단 학교로 복귀했고 반대운동도 소강상태로 접어들었다.

1964년 3월의 한일회담 반대시위는 한일회담의 조기타결 일정을 약간 지연시키는 효과를 가져왔다. 또 한일회담이 안고 있는 문제점을 국민에게 인식시키고, 박정희 정부 내에 균열을 일으키는 계기를 마련했다.

한일회담 반대시위는 4·19 학생혁명 기념일을 거치면서 다시 확산되는 조짐을 보였다. 5월 19일 대학가에서는 '한일굴욕외교반대투쟁전국학생연합회'가 결성되었다. 이들은 한일회담 반대의 차원을 넘어 박정희 정부의 반민주적 통치, 외세 의존적 태도, 경제적 생존권의 위기 등을 문제로 제기했다. 그리고 박정희 정부가 제시한 '민족적 민주주의'가 사망했음을 알리는 조사弔辭와 선언문을 발표했다.

박정희 정부는 한일회담의 타결 방침을 재확인하고 반대운동을 억압했다. 이에 일반시민과 종교인, 대학교수 등 사회 각층의 지식인도 야당과 학생의 반대투쟁에 동참했다. 그들은 한일조약 체결이 자주적이고 평화적인 남북통일을 저해한다고 보았다. 그리고 한국이 정치와 경제 등에서 다시 일본에 종속당하는 계기가 될 것이라고 우려했다. 그들은 또 박정희 정부가 어업과 대일 청구권 등의 문제에서 일본에게 지나치게 양보하는 '굴욕외교'를 벌이고 있다고 비난했다.

한일회담 반대운동은 1964년 6월 3일 정점에 이르렀다6·3항쟁. 서울에서는 18개 대학에서 약 1만 5천여 명의 학생이 가두시위를 벌였다. 그들은 일본 정부의 사죄와 반성을 촉구했다. 그리고 반대 여론을 무릅쓰고 한일조약을 체결하려는 박정희 대통령의 퇴진을 주장했다. 경찰이 이들을 진압하는 과정에서 8백여 명이 부상을 입고, 2백여 명의 학생과 시민이 구속되거나 연행되었다. 위기에 몰린 박정희 정부는 마침내 계엄령을 선포하고 군대의 힘을 빌려 시위운동을 제압했다. 주한 미국 대사관은 이것이 불가피한 조치였다고 논평했다.

1964년 3월의 한일회담 반대운동은 정부의 굴욕외교와 일본의 침략정책 등을 비판하는 수준이었다. 그런데 6월에 이르면서 그 범위가 5·16 군사정변과 박정희 정부의 모든 정책에 대한 비판으로 확대되었다. 그리고 비판의 강도 역시 민생고의 해결, 매판자본 철폐, 학원과 언론의 자유, 박정희 정부 퇴진 등으로 고양되었다. 이에 위기를 느낀 박정희 정부는 비상계엄령을 선포하여 무력으로 이들을 진압하기에 이르렀다.

1965년 1월 9일 박정희 대통령은 연두기자회견에서 베트남 파병의 정당성과 한일회담의 연내 타결을 공언했다. 2월 17일 일본의 시이나 외상이 한일조약을 가조인하기 위해 한국을 방문했다. 일부 야당 의원과 학생들이 그의 숙소 앞에서 한일회담 반대시위를 벌였지만, 한일조약은 2월 20일 가조인되었다.

한일조약의 가조인은 대학생들의 반대시위에 다시 불을 붙였다. 1965년 4월 1일 서울에서 대학생들은 '학생평화선사수투쟁위원회'를 결성하고 한일조약 가조인 무효와 평화선 사수를 주장했다. 박정희 정부는 이에 아랑곳하지 않고 4월 3일 도쿄에서 어업협정 등의 '부속협정'을 가조인했다. 한일회담의 종결이 눈앞으로 다가온 것이다. 이에 맞서 4월 17일 효창운동장에서 4만여 명이 참가한 대규모 한일회담 반대 시민궐기대회가 열렸다.

한일조약의 정식 조인을 하루 앞둔 1965년 6월 21일 서울에서는 매국외교 반대시위운동이 일어났다. 여기에는 1만여 명의 대학생과 고등학생이 참가했다. 경찰이 이들의 가두시위를 봉쇄했다. 한국에서 마지막 날까지 격렬한 반대투쟁이 전개되었음에도, 한일조약은 6월 22일 도쿄의 총리 관저에서 정식 조인되었다.

한일조약이 조인되자 한국에서는 그 비준을 반대하는 운동이 전개되었다. 대학생뿐만 아니라 종교인, 교수, 문인, 예비역 장성, 재야인사在野人士 등도 비준반대성명을 발표했다. 야당인 민중당民衆黨의 국회의원들은 비준반대의 뜻을 표시하기 위해 의원 사직서를 제출했다.

여당인 민주공화당의 국회의원들은 야당의 반대를 무릅쓰고 단독으로 1965년 8월 14일 한일조약의 비준안을 통과시켰다. 학생들은 이에 항의하는 시위를 대대적으로 벌여나갔다. 박정희 정부는 8월 26일 위수령衛戍令을 발동하고 군대를 동원하여 이를 진압했다. 대학에는 휴교령이 발동되었다. 시위를 주도한 학생은 구속되고, 몇몇 교수는 대학에서 추방되었다.

한국의 한일회담 반대운동은 단순한 반일운동이 아니었다. 그들이 내건 주의 주장을 보건대 그것은 외세 의존적인 경제개발을 추진하려는 군사정부에 저항하는 한편 자립적 근대화를 지향하는 자주민주운동이었다. 또 군사정부의 반민주적 통치와 반민족적 행태, 일본 정부의 식민주의적 역사인식과 고압적 자세, 한국과 일본을 동아시아의 반공 보루로 결합시키려는 미국의 압박 등을 폭로하고 비판하는 민족계몽운동의 성격을 띠고 있었다.

오늘날의 시점에서 보면 한일회담 반대운동의 주의 주장에는 사실 인식과 정세 판단 등에서 오류와 편견이 없지 않다. 그렇지만 일본의 식민지에서 독립한 지 얼마 되지 않은 대한민국의 국민으로서 과거의 지배·피지배 관계를 똑바로 청산하고 평등하고 당당한 한일관계를 새롭게 구축하라고 요구한 것은 타당한 주장이었다.

한일회담 반대운동은 그 후에 전개되는 학생운동이나 반일운동의 길잡이가 되었다. 나아가 정부와 국민에게 일본에 대한 경계심을 늦추지 않도록 경종을 울림으로써 한일협정의 결함을 보완하고 실리적 효과를 거두게 만드는 역할을 했다. 한일회담 반대운동을 주도한 학생 중에는 나중에 여야의 정치인이 되거나 학계와 언론계의 중진이 된 경우도 많았다. 그들은 한일관계에 대한 여론 형성 등에 적지 않은 영향을 미쳤다.

(2) 일본의 반대운동

일본에서는 1950년대부터 미국과 일본의 편면강화片面講和를 비판하고 소련·중국 등 모든 교전국과 전면강화全面講和를 요구하는 운동이 일어났다. 1954년 미국의 비키니 섬 수소폭탄 실험으로 일본 어선이 피폭된 사건을 계기로 핵무기 철폐를 주장하는 운동도 전개되었다. 특히 1960년에는 일본과 미국의 군사관계를 더욱 강화한 신안보조약이 체결되어 이에 반대하는 반정부운동안보투쟁이 대대적으로 벌어졌다.

일본에서의 한일조약 반대운동은 위와 같은 평화·민주주의운동의 흐름을 계승한 것이었다. 한일회담 반대운동 세력은 미국·일본·한국이 연계되는 군사협력체제가 형성되어서는 곤란하다고 주장했다. 또 일본의 독점자본이 한국에 진출함으로써 일본에 저임금구조가 고정화되어서는 안 된다는 논리를 내세웠다. 때마침 베트남전쟁이 확대되고 중국이 핵실험에 성공하여, 동아시아에서는 공산주의의 확산을 방지하기 위해 한·미·일의 협력이 긴급하다는 여론이 조성되고 있었다. 또 한일 양국에서는 반공을 중시하는 정계와 재계의 영향력을 등에 업고 한일협정을 급속히 체결하려는 움직임도 나타났다. 일본의 야당과 진보세

∧ 일본에서 한일협정 비준을 반대하는 시위대(경향신문, 1965. 10. 5)

력은 이에 맞서 한일협정체결 반대운동을 전개한 것이다.

그렇지만 일본의 한일회담 반대운동은 식민지 지배에 대한 책임추궁이나 한국인의 희생에 대한 사죄와 반성을 과제로 삼지 않았다. 일본의 독점자본이 한국에 진출함으로써 한일 사이에 불평등한 경제관계가 형성된다는 점을 비판하지도 않았다. 일본의 한일회담 반대운동은 평화헌법에 입각하여 일본의 재무장, 베트남전쟁 참가, 동아시아 군사동맹 참여 등을 반대하는 안보투쟁의 연장선에서 부수적으로 전개되었을 뿐이었다. 재일한국인을 중심으로 한 소수 단체만이 식민지 지배 유산의 청산과 전후처리라는 관점에서 조약 체결을 반대했다.

1960년대에 들어서 일본에서는 오히려 한일회담의 조기 타결을 찬성하는 이들이 늘어났다. 그들은 한국은 일본과 같은 자유진영이고, 박정희 정부는 합법정부이며, 남북통일을 방해하는 것은 공산주의 진영이고, 북한이 오히려 소련·중국과 군사동맹을 맺고 있다고 반박했다. 나아가, 그들은 한국과 경제 등에서 협력하는 것이 공산주의로부터 일본을 지킬 수 있는 길이라고 주장했다. 그들 역시 식민지 지배에 대한 사죄와 배상 등은 전혀 시야에 넣고 있지 않았다.

이처럼 한국과 일본은 한일회담의 찬성 또는 반대에서 자국의 처지와 이익을 최우선으로 고려하여 서로 다른 시각과 태도를 보였다. 그러니 역사인식과 현실 대응에서 두 나라가 대립과 반목을 되풀이한 것은 지극히 당연한 일이었다.

(3) 북한의 반대 주장

북한 정부는 1950년대 초 예비회담이 시작될 무렵부터 일관되게 한일회담을 반대해왔다. 특히 한일협정의 체결에 즈음해서는, 식민지 지배의 또 다른 피해당사자인 북한을 도외시한 채 남한이 한반도를 대표하여 일본과 조약을 체결할 자격이 없다고 주장했다. 또 구 '조선인' 전체가 공유해야 할 배상 등의 문제를 남한 정부가 단독으로 처리할 수 없다는 견해를 밝혔다. 배상의 명목도 식민지 지배에 대한 피해보상을 의미하는 청구권에 입각한 것이 아니라, 경제협력의 방식으로 변질시켜 일본의 책임을 애매모호하게 만들었다고 비판했다.

북한 정부는 1965년 6월 22일 한일협정이 정식 조인되자 이의 무효를 주장하는 성명을 발표했다. 여기에서 "조선 인민은 일본 정부에 대해서 배상청구권을 비롯한 제반의 권리를 계속 보유하고, 금후 언제라도 당연한 권리를 행사한다"는 뜻을 분명히 밝혔다. 이는 곧 북한도 경우에 따라 일본과 수교회담을 하겠다는 뜻으로 해석할 수도 있었다.

실제로 북한은 그 후 몇 차례 일본과 수교교섭을 벌였다. 그 도달점이 바로 2002년 9월 김정일金正日 국방위원장과 고이즈미 준이치로小泉純一郞 총리가 함께 발표한 '일조평양선언'이었다^{이에 대한 자세한 내용은 부록 한일관계 50년 주요 문서 18을 참조할 것}.

(4) 미국의 찬성 표명

북한과는 대조적으로 미국은 당연히 한일협정의 비준을 환영했다. 러스크Dean Rusk 국무장관은 한국과 일본이 친밀한 관계를 맺는 것은 대단히 좋은 일이라는 성명을 발표했다. 미국은 한국과 일본이 동아시아에서 손을 잡고 반공의 방파제 역할을 하는 것을 다행이라고 여겼다. 미국은 세계의 냉전체제 속에서 동아시아 전략을 구사하고 있었다. 그렇기 때문에, 한국이 일본에 대해 식민지 지배 책임을 묻는 것을 엉뚱한 짓으로 받아들이는 경향조차 있었다.

그런데 한일협정에서 보듯이, 미국은 동아시아에서 일본의 침략과 지배 등에 대한 사죄와 배상 등의 역사 문제를 소홀히 처리함으로써 두고두고 골머리를 썩게 되었다. 미국의 가장 중요한 동맹국인 한국과 일본은 국교를 재개한 뒤에도 역사 문제를 둘러싸고 수시로 반목과 대립을 되풀이했다.

한국과 일본은 역사인식과 과거사 처리에 대해 상반된 주장을 굽히지 않음으로써 정상회담조차 열지 못할 정도로 냉랭한 분위기 속에서 국교정상화 50년을 맞았다. 이것은 한·미·일 삼각협조의 한 축을 불안정하고 허약하게 만드는 요인이 되고 있다. 한일 간의 역사 문제를 애매모호하게 처리하도록 방조한 업보가 끈질기게 미국을 괴롭히고 있는 셈이다.

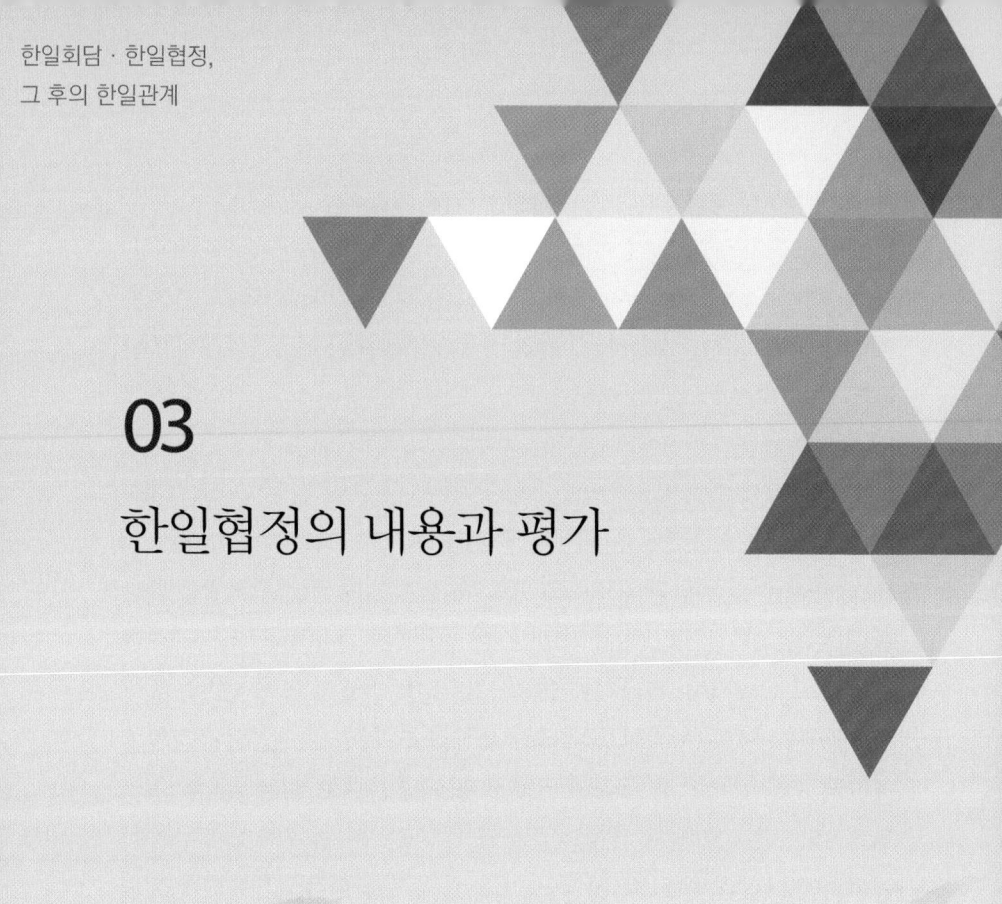

03
한일협정의 내용과 평가

1) 한일협정의 의미

한일협정은 1965년 6월 22일에 조인되고 그해 12월 18일부터 효력을 발생한 '대한민국과 일본국 간의 기본관계에 관한 조약'기본조약, 7개조, 전문은 부록 한일관계 50년 주요 문서 3을 참조할 것과 이에 부속하는 4개의 협정 및 25개의 부속문서를 모두 일컫는다. 한국 정부의 수석전권대표 이동원 외무부장관과 일본국 정부의 수석전권대표 시이나 에쓰사부로 외무대신, 그리고 양국의 수행대표들이 각각 조인했다. '기본조약'의 부속협정으로는 '대한민국과 일본국 사이의 재산 및 청구권에 관한 문제 해결과 경제협력에 관한 협정'청구권협정, 4개조, 전문은 부록 한일관계 50년 주요 문서 4를 참조할 것, '대한민국과 일본국 사이의 일본국에 거주하는 대한민국 국민의 법적 지위와 대우에 관한 협정'법적지위협정, 6개조, 전문은 부록 한일관계 50년 주요 문서 5를 참조할 것, '대한민국과 일본국 사이의 어업에 관한 협정'어업협정, 10개조, 전문은 부록 한일관계 50년 주요 문서 6을 참조할 것, '대한민국과 일본국 사이의 문화재 및 문화협력에 관한 협정'문화재협정, 4개조, 전문은 부록 한일관계 50년 주요 문서 7을 참조할 것 등이 있다.

한국과 일본은 한일협정 체결 이후 국교를 재개하고 오늘날까지 정치·경제·사회·문화 등의 모든 면에서 아주 깊은 관계를 맺어왔다. 그렇지만 양국은 지금도 일본군'위안부' 피해자에 대한 사죄와 보상, '한국강제병합'과 식민지 지배에 대한 평가, 독도 영유권 등의 과거사 처리를 둘러싸고 심각한 갈등을 빚고 있다. 한국과 일본이 한일회담과 한일협정에서 의견 차이를 좁히지 못한 채 과거사 문제를 애매하게 처리한 사정도 있기 때문에, 한일관계는 아직 역사의 늪에서 완전히 벗어나지 못하고 있는 게 현실이다.

그렇지만 국교정상화 이후 한국과 일본은 한일협정의 일부를 개정하고 보완하는 길을 걸어왔다. 양국이 이런 태도를 취한 데는 정부 차원의 친밀한 소통과 협력, 국민 차원의 활발한 교류와 연대 등이 큰 동력으로 작용했다. 그리하여 일본의 역사인식이나 과거사 처리는 불충분하게나마 개선되고 보완된 측면도 있었다. 이런 경위까지 시야에 넣고 한일협정을 바라봐야 그 의미를 제대로 파악할 수 있을 것이다.

2) 한일협정의 내용과 한계

(1) 기본조약

한일협정의 실체인 '기본조약'과 그에 부속하는 4개 협정은 지난 50여 년 동안 일부 개정되기도 하였지만, 대부분은 원래대로 존치되어 오늘날까지도 한일관계의 기본 틀을 규정하고 있다. 따라서 현대 한일관계의 구조와 성격을 파악하는기 위해서는 먼저 이들의 취지와 내용을 정확히 알아야 한다.

한일 양국 정부는 당연히 각 협정의 조항을 둘러싸고 치열하게 논쟁했다. 그 경위를 아울러 살펴보면 한일관계의 설정에 임하는 두 정부의 역사인식과 외교전략을 이해할 수 있다.

좀 번잡하기는 하지만 한일협정의 주요 내용과 논점을 차례차례 살펴보자.

기본조약은 전문前文과 7개조로 구성되었는데, 그 골자는 다음과 같다. 전문全文을 알고 싶은 독자는 부록 한일협정 50년 주요 문서 3을 참조하기 바란다.

(제1조) 양국은 외교 및 영사관계를 수립하고, 대사급 외교사절을 지체 없이 교환하며, 합의된 장소에 영사관을 설치한다.

(제2조) 1910년 8월 22일 및 그 이전에 대한제국과 대일본제국 사이에 체결된 모든 조약 및 협약이 이미 무효임을 확인한다.
(제3조) 대한민국 정부가 국제연합 총회의 결의 제195호(Ⅲ)에 명시된 바와 같이 한반도에서 유일한 합법정부임을 확인한다.
(제4조) 양국은 상호관계와 상호이익을 증진함에 있어서 국제연합헌장의 원칙을 지침으로 삼는다.
(제5조) 양국은 무역·해운·기타 통상의 관계를 안정되고 우호적인 기초 위에 두기 위해 조약 또는 협정을 체결하기 위한 교섭을 조속히 시작한다.
(제6조) 양국은 민간항공운수에 관한 협정을 체결하기 위해 조속히 교섭을 시작한다.

　한일 국교정상화는 당연히 일본의 한국에 대한 식민지 지배를 청산하고 새롭게 국교를 맺음으로써 우호친선의 기초를 다지는 것이었다. 이를 위해서는 일본이 한국의 식민지 지배에 대해 사죄와 반성을 표명하고 배상하는 것이 필요했다. 곧 '한국병합조약'이 강압과 불법으로 체결되었기 때문에 식민지 지배도 부당하고 무효라는 점을 인정해야 한다. 그렇지만 이것은 어디까지나 한국의 논리였고, 일본은 시종일관始終一貫 '한국병합조약'과 식민지 지배가 합법이고 유효하다는 논리를 고수했다. 심지어는 '한국병합조약'이 합의 체결되었고, 식민지 지배가 한국의 발전에 기여했다는 주장도 주저하지 않았다.
　한국과 일본의 주장은 평행선을 달렸다. 양국은 국교정상화를 실현하기 위해서 자국의 주장을 손상시키지 않는 범위에서 타협할 수밖에 없었다.
　한국 측이 기본조약에서 논란의 초점으로 삼은 것은 '구조약의 무효

확인'이었다. 이에 대해 한국과 일본의 인식은 큰 차이를 보였다. 그 결과 기본조약에 '1910년 8월 22일 및 그 이전에 대한제국과 대일본제국 사이에 체결된 모든 조약 및 협약이 이미 무효임을 확인한다' 제2조는 조항이 설정되었다. 이 조항의 문구를 한국에서는 과거의 조약들이 체결 당시부터 불법이고 무효였다고 해석했다. 반면에 일본에서는 체결 당시에는 합법이고 유효였으나 국교정상화 시점에서는 이미 무효가 되었다고 해석할 수 있었다.

조문의 해석을 둘러싸고 양국은 왜 이렇게 차이를 보인 것일까? 한국은 '한국강제병합'이 협박과 기만에 따라 불법적으로 이루어진 강제점령이었다고 인식했다. 그리고 경우에 따라서는 일본의 식민지 지배에 대해 국제법상의 책임을 물을 수 있다는 의사를 포기하지 않았다. 이에 대해 일본은 '한국병합'이 대한제국의 동의 아래 합법적인 절차를 통해 이루어졌다고 보고, 그 후의 한국 통치는 강제점령에 따른 식민지 지배와는 성격이 다르다는 견해를 고수했다.

양국은 결국 '언제부터'라는 시점은 서로 편의에 따라 해석하는 대신, 여하튼 무효라는 점을 공지共知하는 선에서 타협하고, '이미'라는 용어를 채용했다. '구조약'의 무효 시점을 둘러싼 논쟁은 일본의 한국 지배의 합법성 또는 불법성과 결부된 중요한 문제였다. 그런데도 양국 정부는 서로 편의에 따라 해석할 여지를 남겨둔 채 서둘러 타결했던 것이다.

기본조약의 체결로써 '한국강제병합조약'과 식민지 지배를 둘러싼 합법·불법, 유효·무효 논쟁은 일단 봉합되었다. 그렇지만 한국과 일본이 자의적으로 해석할 수 있는 애매한 문구는 그 후에도 역사갈등을 유발하는 화근禍根으로 남았다. 한국의 대법원이 징용자 문제의 판결에서 식민지 지배를 불법·무효라고 밝힌 데2012.5.24 대해, 일본 정부가 '그것은 어디까지나 한국 측 주장일 뿐 일본과는 아무 상관없는 일이다'라는 반응을 보인 것인 단적인 예다.

국교정상화가 식민지 지배를 청산하는 것이라면, 그 전제로서 일본이 사죄와 반성을 표명하는 것이 마땅했다. 그렇지만 기본조약에는 사죄와 반성은커녕 식민지 지배에 대한 언급조차 없다. 겨우 시이나 에쓰사부로 외상이 기본조약을 가서명假署名하기 위해 서울에 도착하여, "양국 간의 오랜 역사 중에 불행한 기간이 있었던 것은 참으로 유감스러운 일로서 깊이 반성하는 바입니다"라는 성명을 읽은 것이 전부였다[1965. 2. 17.].

가서명 직후 양국 외무장관은 회담을 하고 공동성명을 발표했다. 이 문서에는 이동원 장관이 "과거 어떤 기간에 걸쳐 양국 간에 불행한 관계에서 연유하는 한국 국민의 대일 감정을 설명"하고, 시이나 외상이 "이 장관의 설명에 유념하고 그와 같은 과거 관계에 대하여 유감의 뜻을 표명하였으며 깊이 반성하는 바"라고 말했다고 기록되어 있다[1965. 2. 20. 전문은 부록 한일관계 50년 주요 문서 2를 참조할 것]. 일본이 애매모호하게나마 한국의 식민지 지배에 대해 유감을 표명한 첫 번째 공식 문건이라고 볼 수 있다.

기본조약의 근본적인 한계는 한국에 대한 일본의 침략과 지배를 명시하지 않았다는 점이다. 따라서 일본의 반성과 사죄도 반영되지 않았다. 물론 한국 측은 한일회담이 개시될 때부터 일본의 책임을 추궁하고 사죄와 배상을 요구했다. 그러나 일본은 이에 대해 완강히 반발하고 오히려 식민지 지배를 옹호하는 언동을 보이기조차 했다. 더군다나 한일회담은 샌프란시스코강화조약의 틀 속에서 진행될 수밖에 없었다. 이런 사정들이 복잡하게 얽혀 한국 측의 주장은 점점 무뎌졌고, 기본조약은 결국 일본의 식민지 지배 책임을 물을 수 없게 되었다.

기본조약에서 또 하나 문제가 된 것은 제3조의 "유일한 합법정부"를 어떻게 해석하느냐는 것이었다. 한국은 당연히 대한민국의 주권이 한반도의 모든 지역에 미친다는 것을 일본이 인정한 것이라고 주장했다. 반면에 일본은 유엔의 결의가 인정하는 범위 안에서 대한민국의 합법성을 인정하지만, 현실적으로는 그 관할권이 남한에만 미치고 있다는 사실을 염두에 두어야 한다고 주장했다.

한국과 일본은 결국 "국제연합총회의 제195호(Ⅲ)에 명시된 바와 같이"라는 구절을 삽입하는 것으로 타협했다. 이로써 한국과 일본은 종래의 자기 주장을 되풀이할 수 있는 여지를 남겼다. 그렇지만 일본 측의 의도가 좀 더 관철된 것으로 해석하는 게 맞을 것 같다. 이후 일본은 기회가 있을 때마다 북한과 수교협상을 시도했다. 반면에 한국 정부는 이 조항을 근거로 일본의 대북 접근을 견제했다. 일본 정부는 짐짓 한국 정부를 배려하는 듯하면서도, 이 조항을 활용하여 대북 접근을 멈추지 않았다. 그런데 1991년 9월 18일 남북한은 제46차 유엔총회에서 각각 별개의 의석을 가진 회원국으로 가입했다. 그리하여 국제사회에서 남북한이 한반도의 유일한 합법 정부임을 주장하는 논쟁은 더 이상 의미를 가질 수 없게 되었다.

(2) 청구권협정

청구권협정은 한일회담 당초부터 논란이 많았을 뿐만 아니라 오늘날까지도 비판의 표적이 되고 있는 사안이다. 또 한일 사이에 여전히 외교 현안으로 떠올라 있는 무거운 과제이기도 하다. 청구권협정의 골자는 다음과 같다. 전문은 부록 한일관계 50년 주요 문서 4를 참조하기 바란다.

(제1조) 일본은 한국에 10년에 걸쳐 무상 3억 달러와 유상 2억 달러에 상당하는 일본국의 생산물과 일본인의 용역을 제공한다.
(제2조) 양국과 그 국민의 재산·권리 및 이익과 청구권에 관한 문제가 완전히 그리고 최종적으로 해결된 것을 확인한다.

한국은 대일청구권을 개별 단위로 집계하여 총액을 계산하는 방식 대신 총액을 요구하는 방식을 택했다. 일본은 처음에 전자를 주장했으나 나중에는 후자에 동의했다. 양국이 최종 합의한 금액은 무상無償 3억 달러, 유상정부차관 2억 달러였다제1조. 그리고 양국과 그 국민의 재산·권리 및 이익과 청구권에 관한 문제가 완전히 그리고 최종적으로 해결된 것을 확인했다제2조.

그런데 제1조의 자금제공과 제2조의 청구권 문제 해결이 어떤 관계에 있는지 분명하지 않았다. 당시 일본 정부는 무상 3억 달러는 경제협력일 뿐 청구권변제와는 상관없다는 입장을 취했다. 한국과 일본이 청구권자금의 성격과 청구권협정으로 해결된 대상과 범위를 분명하게 합의하지 못한 것은 나중에 과거사 처리를 둘러싸고 분쟁을 야기하는 원인이 되었다.

한국과 일본이 식민지 지배에 대해 정반대의 태도를 취했으니, 이에 대한 배상에 대해서도 의견이 맞을 까닭이 없었다. 치열한 논쟁 끝에 양국은 두 나라가 하나였던 상태에서 둘로 분리된 데 따른 재정적·민사적 채권채무관계를 청산하는 방향으로 타협했다. 샌프란시스코강화조약의 틀제4조 a항도 그러했다. 그리하여 이 협정은 이름에서도 청구권과 경제협력이라는 두 가지 뜻을 담게 되었다. 한국에서는 청구권, 일본에서는 경제협력으로 해석할 수 있는 소지를 안고 있었다.

한국 정부는 국교정상화 교섭에 관한 외교문서를 공개하면서, 공식적으로 일본군'위안부', 사할린에 버려둔 한국인, 재한 원자폭탄 피폭자 등의 문제는 청구권협정으로 해결되지 않았다는 입장을 밝혔다2005. 8. 26. 이에 따라 한국의 헌법재판소는 일본군'위안부' 피해자 등이 제기한 소송에서 한국 정부가 일본 정부에 대해 청구권협정제3조에 따라 해결하려는 구체적 노력을 하지 않은 것은 피해자의 기본권을 침해하는 헌법위반이라는 판결을 내렸다2011.8.30..

그렇지만 일본 정부는 한국 정부의 주장이나 헌법재판소의 판결에 구애받지 않고, 제2조에 따라 청구권에 관한 문제는 완전히 그리고 최종적으로 해결되었다는 자세를 굽히지 않고 있다. 이런 경위 속에서 일본군 '위안부' 문제는 한국과 일본이 첨예하게 대립하는 현안으로 다시 부상하였다.

한일 간의 청구권 논의는 연합국과 일본 간의 전후처리 협상인 샌프란시스코강화조약에 의거하여 진행되었다. 곧 미국의 대일 강화 방침인 배상요구 포기 정책의 영향을 받았다. 일본은 이를 방패삼아 한국에 법적 근거에 입각한 청구권 문제의 제기를 요구하고 경제협력 방식의 채택을 유도했다. 미국 주도의 전후 국제질서 속에서 경제 개발 자금을 마련하기 위해 부심하고 있던 한국 정부는 일본의 주장을 받아들일 수밖에 없었다.

청구권협정에서 불거진 문제는 민간 차원의 보상 문제였다. 한국은 샌프란시스코강화조약에 참여하지 못했다. 그리고 식민지 지배에 대한 보상 등의 문제는 한일 양국의 협정으로 처리하게 되었다. 한국 정부가 일본 정부와 벌인 청구권 협상은 민간의 재산권 협상을 대행한 성격을 띠고 있었다.

한국 정부는 일본 정부가 국가보상의 방법을 채택하도록 압박함으로써 청구권자금을 국가가 활용할 수 있는 길을 열었다. 한국 정부는 국내에서 개인보상의 액수를 줄이고 시기를 늦추며 청구권자금을 경제개발에 집중하는 전략을 구사했다. 개인보상은 1974년에 관련법을 만들어 불충분하게나마 시행했다. 이로써 개인의 청구권과 재산권이 국익에 종속된 형태로 처리된 셈이다.

청구권협정에서는 '청구권'과 '경제협력'을 병기함으로써 일본이 한국

∧ 김포공항에 도착한 일본 경제시찰단 일본 기업의 한국 진출, 곧 한일 경제협력의 단초를 열었다. (경향신문, 1965. 11. 12)

에 제공한 자금을 양국의 주장에 맞춰 해석할 빌미를 제공했다. 일본에서는 이 자금을 '독립축하금' 또는 '경제협력금'으로, 한국에서는 '배상금' 혹은 '보상금'으로 부르는 현상이 나타났다.

  이름은 사안의 본질을 규정한다. 일본은 청구권협정으로 보상 문제는 완전히 그리고 최종적으로 해결되었다고 주장한다. 일본 정부는 식민지 지배에 대한 성찰과 반성이 없었기 때문에 한일회담 초기부터 이런 주장을 고수해왔다. 한국은 이에 완전히 동의하지 않았지만, 회담을 타결하기 위해 일본 측의 주장을 일부 수용하는 듯한 태도를 보였다. 결국 같은 자금에 대해 한일 양국이 서로 다른 해석과 이름을 붙임으로써 갈등과 불신을 지속하게 만드는 불씨가 되었다.

  최근 한국 대법원은 청구권협정에 대해 일본 정부는 물론이고 한국 정부의 입장과도 다른 판결을 내렸다2012. 5. 24. 일제강점기의 강제동원

자체가 불법이고, 개인의 손해배상 청구권은 살아 있다고 판시한 것이다. 이는 청구권협정 체제의 본질을 묻는 판결로서, 앞으로 한일 양국 정부가 어떻게 대응할 것인가가 초미의 관심사로 떠오르고 있다.

(3) 법적 지위협정

재일한국인의 법적 지위 문제는 패전과 해방 이후 일본과 한국이 당면한 여러 난제 중에서도 매우 복잡한 사안이었다. 역사, 인권, 외교, 국내외 법규, 재산, 정치, 감정 등이 깊게 얽혀 있었기 때문이다. '법적 지위협정'의 골자는 아래와 같다. 전문은 부록 한일관계 50년 주요 문서 5를 참조하기 바란다.

(제1조 1항) 일본국 정부는 1945년 8월 15일 이전부터 계속 일본에 거주하고 있는 자와 그의 직계비속으로서 1945년 8월 16일 이후 본 협정 발효부터 5년 이내에 일본국에서 출생하여 계속 일본국에 거주하는 자에 해당하는 대한민국 국민이 본 협정의 효력 발생일로부터 5년 이내에 영주허가를 신청하였을 때에는 일본국에서의 영주를 허가한다.
(제2조) 일본국 정부는 제1조의 규정에 의거하여 일본국에서의 영주가 허가되어 있는 자의 직계비속으로서 일본국에서 출생한 대한민국 국민의 일본국에서의 거주에 관해서는 대한민국 정부의 요청이 있으면 본 협정의 효력 발생일로부터 25년이 경과할 때까지는 협의를 행함에 동의한다.
(제3조) 제1조의 규정에 의거하여 일본국에서 영주가 허가되어 있는 대한민국 국민은 제3조에서 규정한 어느 하나에 해당되는 경우를 제외하고는 본 협정의 효력 발생일 이후의 행위에 의하여 일본국으로부터의 퇴거를 강제당하지 아니한다.

(제5조) 제1조의 규정에 의거하여 일본국에서의 영주가 허가되어 있는 대한민국 국민은 출입국 및 거주를 포함하는 모든 사항에 관하여 본 협정에서 특히 정하는 경우를 제외하고 모든 외국인에게 동등하게 적용되는 일본국의 법령의 적용을 받는 것이 확인된다.

1945년 8월 당시 일본에는 약 200만 명의 한국인이 거주하고 있었다. 해방 이후 1946년까지 그중에서 140만여 명이 귀국하여, 1965년 당시에는 약 60만 명이 남아 있었다. 이들은 일본국적을 상실하고 특수한 외국인이라는 불안한 처지에 놓여 있었다. 이들에게 합법적인 영주자의 지위를 부여하는 것은 시급한 과제였다.

한국과 일본은 협정을 통해 해방 이전부터 일본에 거주하던 재일한국인과 그 자녀에 대해서는 영주권을 부여하기로 합의했다. 그리고 협정 영주권을 가진 재일한국인 자녀의 영주권은 1991년 1월까지 별도의 조처를 강구하기로 했다. 이로써 재일한국인은 안정적으로 생활할 수 있는 최소한의 법적 지위를 확보했다. 그렇지만 지문날인, 취업제한 등의 차별은 엄연하여 생활은 곤란하고 열악했다.

일본에서는 패전 직후부터 재일한국인에 대한 차별 철폐와 법적 지위 확보운동이 광범하고 끈질기게 전개되었다. 법적 지위협정은 그 운동 과정에서 제기된 요구조건을 충분히 수렴하지 못하고 재일한국인의 처우를 개선하는 데도 특별히 기여하지 못했다.

법적 지위협정은 1991년 1월 10일 개정되었다. 재일한국인 3세 이하에도 영주권을 부여하고, 종래 논란이 되어왔던 재일한국인에 대한 각종 차별을 철폐하는 게 골자였다. 이에 대해서는 나중에 좀 더 자세히 설명하겠다.

(4) 어업협정

어업협정은 어민의 생계는 물론 평화선의 철폐와 맞물려 있기 때문에 양국에서 매우 주목한 사안이었다. 그 골자는 다음과 같다. 전문은 부록 한일관계 50년 주요 문서 6을 참조하기 바란다.

(제1조 1항) 양 체약국은 각 체약국이 자국 연안의 기선으로부터 측정하여 12해리까지의 수역을 자국이 어업에 관하여 배타적 관할권을 행사하는 수역으로서 설정하는 권리를 가짐을 상호 인정한다.
(제4조 1항) 어업에 관한 수역 외측에서의 단속(정선 및 임검을 포함함) 및 재판관할권은 어선이 속하는 체약국만이 행하며 또 행사한다.

국교정상화 과정에서 어업문제는 아주 중요한 테마였다. 양국의 산업구조에서 어업의 비중이 컸기 때문이다. 협정에서 논란의 초점은 한국 정부가 선포한 '인접 해양의 주권에 관한 대통령선언'1952. 1. 18. 이승만라인 또는 평화선의 철폐와 어업전관수역 · 공동규제수역의 범위 등이었다.

어업협정은 한국의 낙후된 어업과 일본의 발달된 어업 실정을 토대로 하여 맺어졌다. 당시 한국은 무동력선에 의한 근해어업이 주류였고, 일본은 최신장비를 구비한 원양어업으로 세계를 휩쓸고 있었다. 그리하여 어업수역의 범위와 조업선박의 단속권을 명시한 조항에는 일본 측에 유리한 내용이 반영되었다.

이승만 대통령이 선포한 평화선은 한국의 어업을 보호하고 한일회담을 유리하게 이끌어가는 데 도움을 주었다. 평화선이 독도를 그 안에 포함시킴으로써 영유권을 확실히 지키는 데 도움을 준 것은 말할 필요도 없다. 평화선의 철폐는 장비와 기술이 앞선 일본 어민에게 한국 근해의 어장을 내주는 위험성을 안고 있었다. 또 한국인에게는 영해주권을 상

∧ 한일 어업협정 수역도

실한 듯한 공허감을 안겨주었다.

한국과 일본은 이승만라인을 철폐하는 대신 연안으로부터 12해리의 전관수역, 한국 측 전관수역 바깥쪽에 공동규제수역을 설정하는 데 합의했다^{한일어업협정 수역도 참조}. 어선의 단속은 기국주의^{旗國主義}를 택했다.

당시 한국과 일본의 어업능력은 하늘과 땅처럼 컸기 때문에 어업협정은 일본 측에 유리하게 적용될 수밖에 없었다. 한국 정부가 일본에서 도입한 민간상업차관 3억 달러 중에서 1억 2천만 달러를 어업 근대화에 투입한 것은 국내의 반대여론을 무마하기 위한 조처였다.

정부의 지원에 힘입어 한국의 어업은 30여 년 만에 일본과 경쟁할 수 있을 정도로 발전했다. 양국은 유엔해양법협약 등을 감안하여 1998년 11월 새로운 어업협정을 체결했다. 이에 대해서는 나중에 부연하겠다.

(5) 문화재협정

문화재협정은 당시에는 별로 주목을 끌지 못했지만, 문화가 국민생활의 주요영역이 된 최근에 와서 관심이 높아지고 있다. 문화재협정의 골자는 아래와 같다. 전문은 부록 한일관계 50년 주요 문서 7을 참조하기 바란다.

(제1조) 양국은 양국민 간의 문화관계를 증진시키기 위해 가능한 한 협력한다.
(제2조) 일본국 정부는 부속서에서 열거한 문화재를 양국 정부 간에 협의되는 절차에 따라 본 협정 발효 후 6개월 이내에 대한민국 정부에 인도한다.
(제3조) 양국 정부는 자국의 미술관·박물관·도서관 및 기타 학술문화에 관한 시설이 보유하는 문화재에 대하여 상대방 국민에게 연구의 기회를 부여하기 위하여 가능한 한 편의를 제공한다.

국교정상화 교섭과정에서 문화재와 관련된 문제는 소홀이 다뤄졌다. 문화재협정에 대해서는 다음의 두 가지가 비판의 대상이 되었다. 곧 일본 측이 문화재 반출의 불법성을 인정하지 않았고, 가져간 문화재를 모두 반환하지 않았다는 점이다.

한국은 식민지 지배 시기에 일본에 불법으로 반출된 문화재 3천여 점을 반환하라고 요구했다. 협상 과정에서 일본 외무성은 문화재 반환에 좀 더 적극적이었던 반면, 민족주의 색채가 강한 문부성과 문화재보호위원회는 강력히 반대하는 태도를 보였다. 결국 문화재협정을 통해 일본 측이 한국에 인도한 문화재는 미술품 363점, 전적典籍 852점 등이었다.

한일관계의 진전에 따라 일본 정부는 2005년 이후 몇 종류의 문화재를 한국에 반환했다. 이에 대해서는 나중에 좀 더 설명하겠다.

3) 한일협정에 대한 평가

(1) 긍정적 평가

한일협정은 한국과 일본의 복잡한 국내 사정과 미묘한 국제정세 속에서 고육지책이 뒤섞인 가운데 체결되었다. 그렇기 때문에 양국의 의견을 충분히 조정하지 못한 채 의도적으로 애매한 표현을 구사하여 반대 여론을 무마시킨 조항도 있다. 게다가 한일협정은 사할린 잔류 한인의 귀환, 일본군'위안부'에 대한 사죄와 보상, 원자폭탄 피해 한국인의 치료와 보상 등의 문제는 제대로 거론하지 않았거나 충분히 협의하지 못한 채 봉합했다는 결함을 안고 있다. 이 문제들은 나중에 한일 양국 사이의 외교현안으로 불거져, 일본 정부가 충분하지는 않지만 별도의 조처를 취하게 된다.

한편 한일협정이 많은 결함을 안고 있지만 총체적으로 한국에 더 많은 기여를 했다는 평가도 적지 않다. 일단 두 가지 성과를 지적할 수 있다. 하나는 기본조약에서 일본이 대한민국을 한반도의 유일한 합법정부로 인정한 것이고, 다른 하나는 청구권협정을 통해 한국에 유입된 일본 자금이 한국의 경제발전에 도움이 되었다는 점이다.

먼저 한일협정의 정치적·국제적 효과를 살펴보자. 1970년대 중반까지 일본에서는 공산당·사회당 등이 큰 세력을 가지고 있었고, 좌파 지식인들의 영향력이 여론을 주도했다. 그들은 대체로 남북한 문제에서 음으로 양으로 북한을 지지하는 경향이 강했다. 이런 분위기는 집권 자민당 안에도 존재했다. 그렇기 때문에 동북아시아의 국제정세에 작은 변화만 생겨도 일본 정부는 북한과의 관계개선이나 국교수립을 추진하려는 움직임을 보였다. 그때마다 한국 정부는 일본 정부에 대해 북한에 접근하는 것을 자제해달라고 요청하곤 했다. 그 논거가 바로 기본조약에 규정되어 있는 '유일한 합법정부' 조항이었다. 일본 정부는 한국 정부의 요청을 액면 그대로 받아들이지는 않았을지라도 대체적으로는 북한과의 정치적 교류를 자제하는 태도를 보였다. 한국 정부가 기본조약에 의거하여 일본 정부를 견제하지 않았더라면 일본의 대북한 접근은 더욱 강화되었을 것이다. 그럴 경우 한반도에서 힘의 균형이 깨져 한국의 안전보장이 불리해졌을 가능성이 있다.

다음은 경제적 측면에서의 기여다. 청구권협정에 따라 1966~1975년까지 일본에서 5억 달러에 해당하는 물품과 용역이 유입되었다. 이 자금은 농림업, 수산업, 광공업, 과학기술, 인프라스트럭처 등 광범위한 분야에서 사용되었다. 각 부문의 사업은 한국의 경제발전을 추동하는 데 적지 않은 기반이 되었다. 같은 기간 동안 이 자금에 의한 고정자본 형성 기여도는 제조업 3.9%, 건설업 3.8%, 농림수산업 3.7%, 전기수도 21%, 운수통신 1.0% 등이었다. 그리고 총자본재 수입 중에서 일본 자금의 비중은 연평균 3.2%였다. 특히 1966년에는 28.0%, 1967년에는 10.7%에 달했다. 1966~1975년까지 한국의 국민총생산에 대한 일본 자금의 기여도는 연 1.04~1.61%였다. 청구권자금에 의한 국민총생산 성장률은 최저 1.11%[1970]에서 최고 1.73%[1975]까지 이르렀다. 단기적 경상수지 개선효과는 연평균 4.3%였으며, 무역수지에 대한 경상수지 개선효과는 연평균 7.7%였다.

한국 정부는 회담 초기에 '변제권'이라는 명목으로 식민지 지배에 대한 배상을 요구했다. '변제권'을 고집했으면 일본의 자금 공여는 3억 달러 이하에서 타결되었을 가능성이 높다. 한국 정부는 막판에 청구권으로 선회함으로써 6억 달러 이상의 경제 개발 자금을 획득했다. 국내적으로는 청구권자금이라는 명분도 확보할 수 있었다.

반면 일본 정부는 청구권자금을 배상이 아닌 경제 협력 자금이라고 주장했다. 이런 명목을 내세워 국내의 반발 여론을 설득했던 것이다. 청구권자금은 당시 일본의 외환사정으로 볼 때 적지 않은 금액이었다. 그렇지만 한국의 경제성장으로 일본 상품의 수출이 크게 증가할 것을 감안하면 일본 정부에게도 큰 부담은 아니었다. 더구나 한국이 자유 진영의 반공국가로 안정적으로 발전하여 일본의 안보에 방벽 역할을 하기 때문에 더욱 만족스러운 일이었다.

한국과 일본의 청구권 협상에 적극적으로 개입했던 미국 정부도 한일 양국의 국교정상화로 동북아시아에 한·미·일 협력체제가 견고하게 구축되는 기반이 조성되었다고 환영했다. 따라서 청구권협정은 한·미·일 삼국에게 서로 이익이 되었다고 평가할 수 있는 성격을 충분히 가지고 있었다.

한일협정이 체결될 당시에도 기본조약과 부속협정 등은 많은 한계와 결함을 안고 있었다. 역사인식과 과거사 처리가 아직도 한일의 외교현안으로 부상해 있는 오늘날의 시점에서 보면 더욱 그럴 것이다.

한일협정에서 독도 영유권 문제를 명쾌하게 정리하지 못한 점도 아쉬움으로 남아 있다. 일본은 한일조약 조인 직전까지 독도 영유권 문제를 거론했다. 그렇지만 한국이 한일협정을 체결 못하는 한이 있어도 독도 영유권은 건드릴 수 없다고 버팀으로써 독도 문제는 일단 논의에서 제외되었다. 일본이 한국의 반대를 수용한 것은 독도 문제의 현상 유지 곧 한국의 실효적 지배를 묵시적으로 동의한 것으로 해석할 수도 있다.

한일회담 추진 당시의 국제질서와 국내정세, 특히 한국과 일본의 국력차이 등을 종합해 감안하면, 한일협정은 한국이 일본의 집요한 공세를 막아내면서 나름대로 주장을 관철한 조약이었다. 현대의 독립국가 사이의 외교교섭에서 한쪽의 일방적 승리는 있을 수 없다. 줄 것은 주고, 받을 것은 받는 게 상식이다. 한일협정에서 무엇을 주고 무엇을 받았는지, 그리고 손익계산을 했을 경우 어느 쪽에 더 유리했는지는 논자에 따라 시대의 과제에 따라 서로 다르겠지만, 국교정상화 이후 50년 간 대한민국의 성취를 감안하면 잃은 것보다는 얻은 것이 많았다고 볼 수도 있을 것이다.

(2) 부정적 평가

한일회담과 한일협정에 대해서는 논의가 시작된 당시부터 찬성긍정과 반대부정의 주장이 첨예하게 대립했다. 그리고 양 극단의 견해는 반세기가 지난 지금까지 해소되지 않은 채 갈등을 재생산하고 있다. 한일협정의 부정적 효과, 곧 한일 국교정상화의 허물을 지적하는 견해를 간단히 소개하면 다음과 같다.

한일협정 발효 이후 양국 정부의 관계가 깊어짐에 따라 정치적으로는 한국의 군사독재를 강화하고 민주주의를 억압하는 현상이 나타났다. 일제의 식민지 지배와 연결되는 자민당 정권과 이른바 친일파 세력이 결합함으로써 한일 유착이 심화되고 민족정기가 흐려졌다. 그리고 한국이 경제개발에 투자할 욕심으로 소액의 청구권자금을 받아내는 데 그쳤다. 한국이 당당하게 많은 배상금을 받아내지 못하고, 민간인 피해자에게 제대로 보상도 하지 않았다.

경제적으로는 이권이 달려 있는 일본 자본이 한국에 유입됨으로써 부패의 고리가 형성되었다. 한국 경제는 값싼 임금에 바탕을 둔 노동집약 산업의 성격을 띠고, 일본 독점자본의 재생산구조에 종속되는 형태가 되었다. 국제적으로는 한·미·일의 정치적·군사적·경제적 유착을 강화시켜 한반도에서 냉전을 격화시키고 남북통일을 어렵게 만들었다.

일본의 전후 처리를 독일의 배상외교와 비교하여 한일협정의 한계를 지적하는 경향도 강하다. 일본은 동남아시아 여러 나라와 한국에 배상 또는 청구권자금을 지불했지만, 거기에 침략과 지배에 대한 반성과 사죄의 의미를 담지 않았다. 아시아 저개발국가에 대한 경제협력이나 원조제공의 의미를 부여한 것이다. 이마저 국가를 대상으로 자금을 제공하는 방식을 취하고 피해자 개인에 대한 보상을 배제했다.

그렇기 때문에 오늘날까지도 민간인의 피해보상을 요구하는 목소리가 드높다. 일본에서 한국인 등이 제기한 손해배상소송은 70여 건에 달했다. 그러나 거의 대부분 패소로 끝나 법적인 구제의 길이 막혀버렸다. 반면 한국의 대법원은 최근 식민지 지배의 불법성과 개인청구권의 존재를 인정하는 판결을 함으로써2012.5 민간인 피해보상에 새로운 가능성을 불러일으키고 있다.

한일협정의 한계를 논의할 때 피할 수 없는 것이 독도 영유권 문제다. 일본은 독도 문제까지 포함하여 조약의 일괄타결을 집요하게 요구했지만, 한국은 독도 문제를 교섭현안으로 다룰 수 없다고 끝까지 버텼다. 일본은 '분쟁해결에 관한 교환공문'에 독도라는 표현을 집어넣자고 주장했지만 한국은 단호히 거부했다. 그리하여 '양국 간의 분쟁은 우선 외교상의 경로를 통하여 해결하는 것으로 하고 이에 의하여 해결할 수 없을 경우에는 양국 정부가 합의하는 절차에 따라 조정에 의하여 해결을 도모한다'고 합의했다. 독도라는 문구가 빠진 것이다.

한일협정에서 일본 정부가 한국의 독도 영유권을 인정하지는 않았지만, 한국 정부가 독도의 분쟁지역화를 집요하게 노린 일본 정부의 공세를 막아내고 실효적 지배를 용인하게 만든 것은 성과라고 볼 수 있다. 그럼에도 최근 독도 영유권 문제는 다시 한일 간의 외교쟁점으로 부상했다. 한일협정의 체결과정에서 독도 문제가 어떻게 논의되고 귀결되었는가를 면밀히 검토하면 해결의 단서와 지혜를 얻을 수 있을 것이라고 생각한다.

그 밖에 한일협정은 한일 양국에서 흔쾌하게 국민의 동의를 얻지 못했다는 한계를 가지고 있다. 한국에서는 군사력을 동원하여 반대운동을 제압했고, 일본에서도 변칙적인 방법으로 비준안을 통과시켰다. 한일협정의 정당성에 상처가 생긴 셈이다. 한편 한일협정은 일본과 북한의 관계에도 숙제를 남겼다.

(3) 구조적 평가

한일회담과 한일협정은 찬성긍정과 반대부정의 논리만으로 재단하기 어려운 구조적 한계를 지니고 있었다는 점을 지나쳐서는 안 된다. 과거사 청산 곧 식민지 관계의 청산은 일본이 '한국병합'과 식민지 지배의 불법적 성격을 인정하고, 한국에 대해 그 책임에 상응하는 배상을 하는 것을 의미한다. 그러나 한일회담과 한일협정에서 일본은 시종일관 그럴 의향은 털끝만큼도 없었다. 세계사에서도 그런 사례가 별로 없었기 때문에 한국도 일본이 그렇게 하도록 압박할 수가 없었다. 그리하여 과거사 청산은 흐지부지하게 끝났다.

한일회담과 한일협정에서 과거사 청산이 이루어지지 않은 원인은 동아시아에서 반공전선을 구축하려는 미국의 대일 유화정책, 일본의 과거사에 대한 성찰의 부재, 그리고 대일 교섭에 임하는 한국의 열악한 처지 등에서 찾을 수 있다.

그렇지만 한일회담과 한일협정은 애초부터 과거사 청산을 제기할 만한 구조적 기반을 갖추지 못하고 있었다. 그 근거는 세 가지로 요약할 수 있다.

첫째, 한국 정부는 과거사 청산에 관한 국민적 합의를 도출할 능력이 없었다. 자력으로 독립을 쟁취하지 못한 상황에서 남북의 민족 간 대립은 한국 정부로 하여금 반공을 국가수호의 최우선 과제로 삼을 수밖에 없도록 만들었다. 그리고 반공논리는 친일논리와 연결되어 국민의 신뢰를 얻지 못하는 상황을 연출했다.

둘째, 일본 안에서 한일회담을 추진하는 세력은 애초부터 과거사에 대해 반성할 기색이 전혀 없었다. 과거사를 반성하는 극소수의 세력은 한일회담 자체를 반대했다. 그러므로 일본 정부가 과거사를 반성하는 자세로 한일회담이나 한일협정에 임할 가능성은 기대할 수 없었다.

셋째, 한일회담의 법적 근거인 샌프란시스코강화조약은 반공논리에 기초하여 일본에게 배상책임을 지지 않도록 했다. 그것도 미국을 중심으로 한 전쟁 당사자끼리의 논의에 초점이 맞춰져 있었다. 그렇기 때문에 한일회담이나 한일협정에서 과거사를 청산하는 논의는 진행될 수 없었다. 결국 한국은 과거사 청산이 불가능한 조건 아래서 한일회담을 추진한 셈이었다.

따라서 세계의 냉전 구조, 샌프란시스코강화조약 체제, 남북대결의 한반도 정세라는 안팎의 제약이 엄연히 존재하는 한 어떤 정부도 한일회담과 한일협정에서 과거사 청산을 제대로 관철할 수는 없었을 것이다. 바꿔 말하면 박정희 정부가 아닌 다른 정부가 한일회담을 추진하고 한일협정을 체결했다 해도 과거사 청산은 구조적으로 불가능했을 가능성이 높다.

한일협정은 주권국가끼리 논의하고 합의하여 맺은 조약이기 때문에 결함이 많다고 해서 50년이 지난 시점에 이것을 뒤집고 다시 체결하기는 대단히 어려운 일이다. 다만 언제가 북한과 일본이 국교를 정상화하기 위해 조약을 체결한다면, 한일협정을 교훈으로 삼아 좀 더 확실하게 과거사를 청산할 수 있는 방법을 모색할 수 있을 것이다.

그렇지만 김정일 국방위원장과 고이즈미 총리가 2002년 9월 공동으로 발표한 '조일평양선언'을 볼 때 우리가 바라는 바대로의 철저한 과거사 청산은 기대하기 어려워 보인다. 두 정상은 식민지 지배 책임의 처리를 한일협정과 유사한 방법, 곧 경제협력 방식으로 해나간다고 합의했다_{자세한 내용은 부록 한일관계 50년 주요 문서 18을 참조할 것}. 앞으로 일본과 북한이 이 선언에 의거하여 국교정상화를 추진한다면 한일회담과 비슷한 전철을 밟고 한일협정과 유사한 형태로 타결될 가능성이 높다.

오늘날 한국과 일본 사이에는 매년 5백만여 명의 사람이 왕래하고 1천억 달러 이상의 교역이 이루어지고 있다. 정보와 문화의 교류도 이에 못지않게 활발하다. 그럼에도 한국과 일본은 일본군'위안부'에 대한 보상, 역사인식의 충돌, 독도 영유권 주장, 어업분쟁, 재일한국인의 참정권 문제 등을 둘러싼 갈등에서 완전히 벗어나지 못하고 있다. 한일 양국 간에 교차되는 이런 명암과 반목은 궁극적으로 과거사 처리의 원점, 곧 한일회담과 한일협정에서 비롯된다고 할 수 있다.

따라서 오늘날의 한일관계를 제대로 이해하고 또 적절한 해법을 찾기 위해서는 한일 양국의 국민이 한일회담과 한일협정의 내용과 효과, 그 후의 한일관계의 흐름과 현안 등에 대해 정확한 지식을 갖는 게 대단히 중요하다. 양국 국민은 지난 50년의 한일관계 속에서 교훈과 지혜를 얻을 수 있기 때문이다.

한일회담·한일협정,
그 후의 한일관계

04

한일관계의 심화와
한일협정의 진화

1) 한일관계의 심화

(1) 국교재개와 협력강화

한일협정은 대한제국과 대일본제국 사이에 맺어진 '구조약'을 무효화하고 대한민국과 일본국이 '신조약'을 체결함으로써 국교를 새로 수립하고, 양국 간의 인간·물자·문화·정보 등의 교류를 정상화했다는 점에 의의가 있다. '구조약'과 '신조약' 사이에는 하늘과 땅만큼이나 차이가 있었다. 전자가 한국과 일본이 불평등한 처지에서 일본 제국의 한국 지배를 실현한 침략의 도구였다면, 후자는 두 나라가 대등한 자격으로 식민지 지배를 정리하고 교류협력의 동반자로 다시 태어나는 계기가 되었기 때문이다.

한국과 일본은 1965년 12월 한일협정이 발효되자마자 각각 서울과 도쿄에 대사관을 개설하고 국교업무를 재개했다. 이후 양국 대사관은 두 나라를 밀접하고 특수하게 연결시키는 창구로서 대단히 중요한 역할을 했다. 그리고 양국 엘리트 외교관의 출세코스로서도 각광을 받았다.

한국은 1949년 1월 도쿄에 주일본 한국대표부를 발족한 바 있다. 1965년 12월 이것을 주일본 한국대사관으로 승격한 것이다. 초대 주일 대사로는 김동조金東祚 씨가 부임했다. 그는 한일회담의 한국 측 대표로 활약한 경험이 있었다. 재일한인 기업인 서갑호徐甲虎 씨는 1962년 11월 도쿄의 일급지에 소재한 토지와 건물을 한국 정부에 기증했다. 이곳에 1979년 9월 장엄한 대사관 청사가 신축되고, 40여 년이 지난 2013년 최신 시설로 전면 개축되었다. 한일 국교가 재개될 당시만 하더라도 한국은 세계에서 가장 가난한 나라여서 공관의 설치 등에서 재일한인의 신세를 질 수밖에 없는 처지였다.

일본은 한일협정이 조인된 1965년 6월 주서울 재외사무소를 개설했

∧ 제4차 한일각료회담 폐막 후 공동기자회견을 하는 회담의 주역들(중앙일보, 1970. 7. 23)

다. 그리고 한일협정이 발효됨과 동시에 주한 일본대사관을 발족시켰다. 초대 주한대사로는 마에다 도시카즈前田利一 씨가 부임했다. 그는 일제 강점기에 경성중학을 다녔기 때문에 한국 요인 중에 지인이 많았다. 일본은 종로구 중학동과 운니동에 각각 대사관과 공보문화원 건물을 신축하고 정치·경제·영사·문화 등의 업무를 추진했다.

한일 양국은 국교를 수립한 뒤 1966년 3월 무역협정, 1967년 5월 항공협정, 1970년 10월 이중과세 방지협정, 1978년 6월 대륙붕 공동개발협정 등을 잇달아 체결했다. 그리고 재일한국인 3세 이하 자손의 법적지위를 규정한 한일 외무장관 합의각서를 교환하고[1991. 1. 10], 신어업협정을 체결했다[1998. 11. 28]. 한일협정의 일부를 시대와 사정의 변화에 맞춰 개정한 것이다.

한국과 일본은 협력 증진과 현안 해결을 원활하게 하기 위해 1967년 8월 도쿄에서 제1차 한일 정기 각료회의를 개최한 이래 거의 매년 서울과 도쿄에서 정기적인 회합을 가졌다. 한일 정기 각료회의는 양국 관계의 부침에 따라 중단되거나 연기된 적이 있지만, 외교·경제·재일한국인 등의 문제를 해결하는 데 크게 기여하면서 1990년 11월까지 15차례나 지속되었다.

1972년 5월에는 양국 국회의원들의 친목도모를 위해 한일의원간담회_{1975년 7월 한일의원연맹으로 개칭}가 창립됐다. 한일의원연맹은 양국의 주요 의원을 회원으로 망라하며 현재까지 유지되고 있다. 그러나 정부와 국회차원의 교류에도 불구하고 한국과 일본에서는 국내외 사정으로 인한 현안이 끊임없이 발생하여 양국 관계는 우여곡절을 겪을 수밖에 없었다.

(2) 밀사외교와 막후조정

한국과 일본이 국교를 정상화하는 과정이나 그 후의 외교관계에서 비공식 채널을 통한 막후조정이 큰 역할을 했다. 곧 한일관계의 주요현안은 겉으로는 공식 외교라인을 통해 결말을 지었지만, 속으로는 권력자의 위임을 받은 밀사가 물밑교섭을 통해 미리 해결방안을 조정했다. 박정희 정권 시기가 특히 그러했다. 양국의 관계 요로要路에는 만주군관학교와 일본육군사관학교, 조선과 일본의 관계와 재계, 만주국과 관동군 등에서 경력을 쌓은 인사가 많았기 때문에 이심전심으로 의기투합할 수 있는 여지가 있었다.

자민당의 실력자이자 부총재인 오노 반보쿠大野伴睦(1890~1964)는 1963년 12월 28일 박정희 대통령 취임식에 일본 정부 경축사절단 대표로 참석했다. 그는 서울에 오기 직전 "나와 박정희 씨는 부자지간과 같은 사이로, 그의 대통령 취임식에 가는 것은 자식의 축하연에 가는 것처럼 기쁜 일"이라고 말해 물의를 빚었는데, 자신과 박정희가 의리와 인정으로 끈끈하게 얽혀 있다는 것을 잘 표현한 발언이었다. 오노는 축하인사를 마친 뒤 박정희에게 한일협상에서 막후교섭의 중요성을 강조했다. 그는 "대통령이 확실히 신임하는 사람, 대통령의 의중을 잘 아는 사람, 통역 없이 충분히 모든 이야기를 할 수 있는 사람"을 활용하라고 조언했다. 그 후 자신은 자민당 안팎에서 한일회담을 지원하는 역할을 맡았다.

오노가 한일협상의 막후 주역이 되는 데는 김종필의 육사 동기생인 정보장교 최영택崔榮澤과 고다마 요시오兒玉譽士夫의 비공식 채널이 작용했다. 5·16쿠데타의 주역 중 한 명인 최영택은 먼저 야쓰기 가즈오矢次一夫와 접촉했다. 야쓰기는 일본 정계에서 '쇼와 최대의 괴물'이라는 별명으로 불리던 막후 실력자였다. 그는 기시 노부스케 정부 때 수상의 개인특사 자격으로 1958년 이승만 대통령을 방문한 적이 있었다. 그런데 기시-야쓰기 라인은 당시 자민당의 차기 수상으로 거론되던 실력자이자 농림장관 고노 이치로河野一郎 라인의 견제를 받았다.

최영택은 한일회담을 타결하기 위해서는 자민당의 양대 실력자인 오노와 고노를 만나야 하는데, 고다마 요시오가 중개자 역할을 할 수 있다고 판단했다. 고다마는 오노의 수하로서 일본 극우 세력의 최대 두목이었다. 그는 경성상업전문학교선린상고를 졸업하고, 31세 때 상하이에서 '고다마기관'이라는 군수물자 조달업체이자 사설 정보기관을 운영했다. 그는 1955년 자민당이 창당할 때 거액의 자금을 기부했다.

최영택은 1962년 3월 고다마의 도움을 받아 오노 부총재와 고노 농림장관에게 접근할 수 있었다. 고다마의 중개로 김종필은 1962년 10월 도쿄에서 오노를 만났다. 둘은 한일회담의 막후교섭에서 중요한 역할을 수행했다. 김종필은 한 달 뒤인 11월 12일 오히라 마사요시 외무장관을 만나 한일회담의 타결 방향과 대일 청구권자금의 규모를 합의했다.

1964년 오노가 심근경색으로 타계하자 고노의 입지는 더욱 강해졌다. 독도 영유권을 둘러싸고 정일권丁一權 국무총리와 밀약을 맺었다는 설도 있다. 이에 따르면, 1965년 1월, 당시 건설장관이던 고노는 자필로 쓴 '독도 밀약' 초안을 비서인 우노 소스케宇野宗佑(1989년에 일본 총리로 취임) 자민당 의원을 통해 서울의 정일권 국무총리에게 보냈다. 우노 의원은 성북동 범양상선 박건석朴健碩 회장 집에서 정일권 총리를 만나 밀약을 맺었다. 이 밀약은 박정희 대통령의 재가를 얻었고, 우노는 이를 고노에게 보고했다.

'독도 밀약'의 골자는 "양국 모두 자국 영토라고 주장하는 것을 인정하고 동시에 그것에 반론하는 데 이론이 없다. 장래 어업구역을 설정할 경우 쌍방 모두 독도를 자국령으로 선을 긋고 중복된 부분은 공동수역으로 한다, 한국은 현상을 유지하고 경비원의 증강과 시설의 신설·증설을 하지 않는다, 이 합의는 이후에도 계승해나간다" 등이었다고 한다. 곧 외교에서 타협하기 어려운 문제를 타결할 때 활용하는 '미해결의 해결'을 채택한 셈이다.

'독도 밀약'의 아이디어는 김종락이 냈다고 전해진다. 김종락은 당시 한일은행 전무이사였고, 5·16 주체 세력의 일원이었다. 그는 김종필의 형으로서 일본통이었고, 박정희의 신뢰가 두터웠다. 김종필이 1964년 한일회담 반대 시위6·3항쟁의 책임을 지고 공화당 의장을 사퇴한 뒤 자의 반 타의 반의 외유에 나선 시점에서 김종락은 한일회담의 막후무대에 등장했다.

그런데 한일협정의 체결 과정에서 길잡이 역할을 했던 김종필 전 중앙정보부장은 최근 '독도 밀약'은 있을 수 없는 것이라고 증언했다. 곧 고노 이치로가 '독도는 해결할 수 없는 문제이니 그냥 놔둘 수밖에 없다'고 말한 것을 정일권 국무총리가 듣고 와서 전한 가운데 부풀려진 이야기라는 것이다. 그리고 김종락 씨는 그런 일을 할 만한 위치에 있지 않았다고 말했다 중앙일보, 2015. 5. 4. 따라서 '독도 밀약'의 존재 또는 진위 여부는 현재로서는 확언할 수 없다. 그렇지만 항간에 이런 소문이 떠도는 것 자체만으로도 한일 간의 주요현안이 비공식 채널을 통해 조정되고 합의되었다는 정황을 확인하는 데는 부족함이 없을 것이다.

  1960년대 초부터 형성된 한일의 비공식 인맥은 양국의 협력과 공조가 원활하게 이루어지도록 정책결정자에게 영향을 미치는 전문가 네트워크로 기능했다. 그들은 과거사 청산이라는 역사적 명분에 집착하지 않고 청구권자금과 독도 영유권 등의 현안에 실용적 접근을 모색하여 한일협정과 그 이후의 한일관계 곧 '65년체제'를 만들어냈다. 그들의 활동은 정부와 국회의 견제를 받지 않고 때로는 국민을 속이기까지 했다. 막후에서 진행된 밀사외교는 최고 정책결정자의 의중과 이익을 우선하고 국가의 존엄과 이익을 경시한 경우도 있었다. 그들의 합의는 국민적 동의를 얻지 못했기 때문에 공개되면 오히려 양국 사이에 오해와 갈등을 야기하곤 했다.

  박정희 정부가 끝나고 전두환全斗煥 정부가 출범한 뒤에도 한일의 비공식 라인은 한동안 지속됐다. 1980년대에는 이병철李秉喆 · 권익현權翊鉉 · 세지마 류조瀨島龍三(1911~2007) 등이 활약했다. 세지마는 1960년대 박정희 정부에 대해서는 '수출주도형 종합상사 체제의 구축'을 조언했다. 전두환 정부에 대해서는 광주 민주화운동 이후 민심수습 차원에서 '올림픽 개최'라는 아이디어를 제공하고, 노태우盧泰愚 정부에 대해서는 '3당 합당과 내각제 개헌'이라는 전략을 제시했다고 한다. 그들은 1982년 한일관계 최대현안이었던 한일안보경협의 타결에도 도움을 주었다. 전두환 대통령의 방일과 나카소네 야스히로中曾根康弘 총리의 방한을 성사시키는 데도 기여했다.

한일 사이의 비공식 라인을 통한 막후교섭은 1980년대를 정점으로 자취를 감추기 시작했다. 특히 노무현 정부 이후 외교의 무게 중심이 청와대와 외교부로 옮겨감에 따라 한일의 막후 인맥은 거의 해체되었다. 그에 따라 밀사외교의 약효도 떨어졌다.

김영삼 정부 때부터 독도 영유권을 둘러싸고 한일 사이에 갈등이 재연된 것은 한국에서 민주주의가 정착됨에 따라 밀약의 '정신'이 사라졌기 때문이라고 보는 견해도 있다. 공교롭게도 김종락은 전두환 등 신군부의 집권과정에서 후환이 두려워 '독도 밀약'의 원문을 소각했다는 증언을 남겼다.

(3) 경제협력과 안보 공조

1960년대의 국제정세는 냉전의 영향을 강하게 받았다. 자본주의 진영을 이끌던 미국은 1964년 프랑스를 상대로 독립전쟁을 벌이고 있던 베트남에 대해 '반공'을 명분으로 내세워 무력개입을 단행했다_{베트남전쟁}. 소련을 중심으로 한 공산주의 진영에서는 중국과 소련이 주도권 싸움을 벌이고, 아시아·아프리카 등에서는 식민지 지배를 받던 나라들이 독립하여 발언권을 강화했다. 이른바 제3세계의 출현이다.

1970년대에 들어서서 냉전이 완화되는 분위기가 나타났다. 미국이 베트남전쟁에서 패배하여 철수한 반면, 중국과 베트남은 국경 문제를 둘러싸고 전쟁을 벌였다. 그런 가운데 미국·소련, 미국·중국의 접근이 이루어지고, 한국·일본·북한 사이에도 관계개선의 움직임이 나타났다.

한일 양국은 각각 미국의 동맹국으로서 베트남전쟁에 가담했다. 한국은 1964~1973년까지 연인원 32만 명의 전투부대와 1만 6천 명의 기술자를 파견했다. 1965~1970년 동안 한국은 베트남에서 약 10억 달러의 외화를 벌었다. 일본은 평화헌법에 구속되어 베트남에 자위대를 파병하지 못했지만, 오키나와를 중심으로 한 각지의 미군기지가 전쟁수행 거점으로 활용되었다. 일본은 미국의 베트남전쟁에 전면적으로 협력함으로써 매년 평균 10억 달러의 외화를 벌었다.

북한은 베트남전쟁을 호기로 삼아 남한에 대한 공세를 강화했다. 1967년을 전후하여 북한은 무장공비를 남한에 침투시켜 청와대를 습격하고 게릴라전을 도발했다. 또 미국의 첩보 비행기를 격추하고 함선을 나포했다. 그리하여 한반도의 위기감은 고조되고 분단체제는 더욱 고착되었다.

그러나 1970년대 들어서 미국이 베트남에서 철수하고 중국과 관계개선을 도모하자 냉전체제는 완화되는 기미를 보였다. 한국과 북한은 이에 대응하여 대화와 공존을 모색했다. 상징적인 예로서, 1972년 7월에는 '자주·평화·민족대단결'의 통일 원칙을 표방한 남북공동성명을 발표했다7·4남북공동선언. 그렇지만 한국과 북한은 곧 이 선언을 각자의 독재체제를 공고히 하는 수단으로 이용했다. 한국에서는 박정희의 강권통치를 가능케 하는 유신체제가 선포되었고, 북한에서는 김일성의 신권통치를 보장하는 유일체제가 확립되었다.

일본과 북한은 이런 분위기에 편승하여 외교관계 수립을 위한 교섭을 시도했다. 마침 일본에서는 자민당 주도의 보수체제에 균열이 생겨 혁신세력이 약진하고 있었다. 북한은 자력갱생의 계획경제에 정체 기미가 나타나고 안전보장에 대해서도 위협을 느끼고 있었다. 이것이 일본과 북한이 접근을 시도하는 데 유리한 환경을 조성했다. 이에 한국 정부는 '기본조약'의 "유일한 합법정부" 조항을 근거로 일본의 대북 접근을 견제했다.

1965년 한일조약 체결 이후 1971년까지 한일관계는 양호했다. 사토 에이사쿠佐藤榮作 총리는 한국을 한반도에서 유일한 합법정부로 인정했으며, 1969년 11월 닉슨Richard Nixon 미국 대통령과 정상회담을 한 뒤 발표한 공동성명에 "한국의 안정은 일본 자신의 안정에 긴요하다"라는 '한국 조항'을 삽입함으로써 한국과의 안보연계를 강조했다.

그런데 1971년 닉슨의 중국 방문 이후 발표된 미일 정상회담에서, 사토는 한국 방위를 위해 오키나와의 미군기지 사용은 더 이상 당연한 것으로 인정되지 않는다고 말해 '한국 조항'의 수정을 시사했다. 그 후 집권한 다나카 가쿠에이田中角榮 정부1972. 7~1974. 12는 중일수교를 추진하고 북일관계 정상화를 모색하는 과정에서 한국 정부와 갈등을 빚었다. 한국 중앙정보부원 김동운의 김대중金大中 납치사건1973. 8. 8과 조총련의 지시를 받은 재일한국인 문세광의 박정희 저격사건1974. 8. 15은 한일관계를 한껏 악화시켰다가 극적으로 반전시키는 계기가 되었다.

그 후 집권한 미키 다케오三木武夫 정부가 포드Gerald Ford 미국 대통령과의 정상회담에서 "한국의 안보는 한반도의 평화유지에 필수적이고 이는 다시 일본을 포함한 동아시아의 평화와 안정을 위해 필요하다"는 '한국 조항'을 재천명함으로써, 한일관계는 우호협력의 분위기로 되돌아왔다.

1970년대 이후 완화된 냉전은 1980년대에 미·소가 날카롭게 대립하면서 다시 격화되었다. 1981년 미국 대통령에 당선된 레이건Ronald Reagan은 오일쇼크로 정체된 경제를 재건하기 위해 신자유주의 정책을 추진했다. 일본에서는 이에 호응해 보수적인 나카소네 야스히로 정부가 집권했고, 한국에는 광주 민주화운동을 탄압한 전두환 정부가 들어섰다. 한국과 미국은 이미 1976년에 한미군사훈련팀스피리트을 개시했고, 일본과 미국은 1978년에 미·일의 작전협력을 명기한 '미일방위협력을 위한 지침'가이드라인을 가동했다. 한일 양국이 미국과 군사동맹관계를 강화함으로써 1980년대 이후 동아시아에서 한·미·일 협력체제가 확고히 자리 잡았다.

북한은 이런 상황에 위기감을 느끼고, 그에 대항하여 한국과 일본에서 일반시민을 납치하거나 간첩을 밀파하는 등 공작활동을 계속했다. 1983년에는 미얀마 랑군에서 한국 대통령 일행을 암살하려는 테러를 감행했다. 그 밖에도 서울올림픽 개최[1988]를 방해하기 위해 대한항공 여객기를 폭파하거나, 현충원에서 폭탄을 터뜨리는 사건을 일으켰다.

한반도의 긴장이 다시 격화되는 가운데 한일 양국 정부는 더욱 밀접한 관계를 맺어갔다. 1983년 1월 나카소네 총리가 일본 총리로서는 처음으로 한국을 방문했고, 사회경제개발과 안전보장에 기여한다는 명목으로 40억 달러의 정부차관과 민간자금 등의 공여를 약속했다.

그 이면에는 일본이 한국의 반공전선에 공짜로 편승하여 막대한 이익을 누리고 있다는 불편한 진실이 숨어 있었다. 해마다 한국은 국민총생산액의 6%를 군사비로 지출한 반면 일본은 1% 이하를 지출하고 있었다. 그리고 1965~1980년까지 일본은 한국에 13억 달러의 공적자금[청구권자금을 포함함]을 투자한 반면 205억 달러의 무역 흑자를 거두었다. 한국은 일본에게 황금알을 낳는 거위였던 셈이다. 전두환 정부는 이런 사정을 빌미로 삼아 일본 정부에 안보 경협을 요구한 것이다.

1984년 9월 한국의 전두환 대통령이 처음으로 일본을 방문하여 천황과 회견했다. 회견은 국빈방문의 형식으로 이루어졌다. 천황은 만찬사에서 "금세기 한 시기에 양국 간에 불행한 과거가 있었던 것은 진심으로 유감이며 다시 반복되어서는 안 된다고 생각한다"고 언급했다. 전두환 대통령은 천황이 처음으로 과거사에 대해 사과한 것을 평가하고 한일관계의 새로운 출발을 기대했다.

1970년대 말부터 중국은 사회주의 시장경제를 표방하고 개혁·개방 노선에 매진했다. 1990년대 초에는 소련이 붕괴되고 러시아가 부활했으며 러시아는 자본주의경제로 선회했다. 그러나 북한은 오로지 자력갱

^ 전두환 대통령 방일(訪日) (1984. 9. 6~8) 9월 6일 오후 영빈관에서 제1차 정상회담을 갖고 있는 전두환 대통령과 나카소네 일본 총리 (동아일보, 1984. 9. 6)

생에 기초한 사회주의적 경제노선을 견지했다. 그리하여 1990년대 이후 배급체제가 붕괴될 정도로 경제난이 심각해져 아사자가 속출하기도 했다.

사회주의권의 몰락으로 경제적·군사적 후원을 잃게 됨으로써 안전보장에 대한 북한의 위기의식도 높아졌다. 북한은 1990년대 중반 김일성 사망을 전후하여 몰아닥친 이런 위기에서 벗어나기 위해 핵무기 개발과 미사일 실험 등에 박차를 가했다. 국제사회는 북한의 핵무기 개발을 저지하기 위해 2003년부터 한국·일본·북한 3국에 미국·중국·러시아를 포함한 '6개국회담'을 개최했다.

1980년대 후반 시민혁명으로 민주주의를 쟁취한 한국은 끈질기게 북한과의 관계개선을 모색했다. 노태우 정부는 공산권과 수교하는 '북방외교'를 전개하고, 남북한 유엔 동시가입을 성사시켰다[1991.9]. 그리고 통일에 대한 로드맵을 제시한 남북기본합의서를 채택했다.

김대중 정부는 화해와 협력을 추구하는 '햇볕정책'을 실천에 옮겨 2000년 6월 15일 남북분단 이후 처음 수뇌회담을 실현했다. 이때 김대중·김정일이 발표한 '남북공동선언'에는 통일을 향한 노력과 이산가족의 재회, 경제 교류의 추진 등이 포함되었다. 그리고 남북에 걸친 경의선·동해선을 다시 연결하고 금강산 관광개발사업을 시작했다. 그 후의 정부도 강온의 차이는 있지만 기본적으로 남북의 교류협력을 추진하고 있다. 개성공단의 운영이 대표적인 사례다.

일본은 1990년대 초부터 북한과 국교정상화 교섭을 시작했지만 북한의 핵무기 개발, 역사인식의 차이, 전후보상 문제 등을 둘러싸고 난항을 거듭했다. 1991년부터 열린 북일교섭은 1998년 8월 북한의 미사일 발사실험 등으로 일단 중지되었지만, 2002년까지 모두 12차례나 지속되었다.

2002년 9월 17일 북·일 수뇌회담이 실현되어 한국·미국·중국 등을 놀라게 했다. 김정일·고이즈미가 함께 발표한 '조일평양선언'은 가급적 빨리 국교정상화를 이룩하기 위해 노력한다는 내용을 담고 있었다 전문은 부록 한일관계 50년 주요 문서 18을 참조할 것.

그런데 이때 김정일 국방위원장이 일본인의 납치를 공식적으로 인정하고 사죄한 것이 큰 파문을 몰고 왔다. 일본에서는 북한을 비난하는 여론이 고조되었고, 재일조선인 아동이나 학생을 위협하는 불미스런 행동이 다수 발생했다. 고이즈미 정부의 뒤를 이은 아베 신조安倍晋三 정부는 국내의 반북여론을 부추기며 북한에 대한 제재와 압박을 강화했다.

(4) 민간교류와 정상외교

1965년 한일 국교정상화는 양국 국민의 왕래에도 주요 전기가 되었다. 당시 한 해의 왕래자 수는 약 1만 명 정도였다. 그 후 일본의 대한 투자가 증가함에 따라 일본의 비즈니스맨이 한국을 방문하는 경우가 많아졌다. 장기체류자도 나타났다. 한국인의 도일도 늘어났다. 사업과 친척 방문 등이 목적이었다.

1970년대에 급증한 일본인 남성의 한국 여행은 이른바 '기생관광' 또는 '매춘관광'이라는 나쁜 이미지를 만들어냈다. 당시 한국은 경제개발 제일주의에 빠져 있었다. 특히 투자 자본을 마련하기 위해 온 나라가 외화벌이에 골몰했다. 관광산업도 한몫을 거들었다. 한국에는 윤락행위방지법이 있었지만, 특정 지역 내의 성매매와 특수 관광호텔에서 외국인을 상대로 성을 매매하는 여성에는 해당되지 않았다. 관광기생에게는 허가증을 주어 호텔을 자유롭게 출입할 수 있게 하고, 국가 경제를 위해 중요한 역할을 하고 있다는 교양교육도 실시했다. 때마침 고도 경제 성장의 꿀맛을 즐기고 있던 일본인 남성 여행자 또는 장기체류자가 주요고객이었다.

'기생관광'은 1980년대 초까지 성황이다가 점차 자취를 감췄다. 한일의 여성이 연대하여 반대운동을 전개한데다가, 한국 경제가 성장하면서 그럴 필요가 적어졌기 때문이다. 일본인의 여행 패턴이 바뀐 것도 한 원인이었다. 그 대신 젊은 남녀의 여행이 점차 늘어나는 추세였다.

1988년의 서울올림픽 개최와 한국의 해외여행 자유화 조처는 한일 국민 간의 왕래를 급격히 증가시키는 전기가 되었다. 1992년의 관광객 수를 보면 한국에 입국한 일본인은 약 140만 명이고, 일본에 입국한 한국인은 약 90만 명이었다. 그 수는 해마다 증가하는 경향을 보였다. 특히 한국과 일본이 월드컵을 공동개최한 2002년을 전후하여 양국의 상호방문객 수는 대폭 늘어났다. 일본인의 한국 입국은 2000년에 247만

명, 2002년 232만 명, 2004년 244만 명이었고, 한국인의 일본 입국은 같은 해 각각 110만 명, 127만 명, 156만 명이었다. 당시 일본에서는 이른바 '한류' 붐이 불어 중년 여성들의 한국 여행이 인기를 끌고 있었다. 이에 상응하여 한국에서도 일본의 패션이나 음식이 유행하고 일본 여행이 급속히 늘어났다.

역사 문제 등을 둘러싸고 한국과 일본이 갈등과 대립을 되풀이했음에도 사람의 왕래는 기본적으로 증가추세를 보였다. 일본인의 한국 입국자 수는 2010년 302만여 명, 2011년 329만여 명, 2012년 352만여 명을 기록했고, 한국인의 일본 입국자 수는 같은 해에 각각 244만여 명, 166만여 명, 204만 명을 기록했다. 한 해에 560만 명이 한국과 일본을 왕래한 것이다. 연간 만 명 정도가 왕래하던 1965년경에 비하면 560배의 증가를 보인 셈이다. 이렇게 사람들의 왕래가 급증한 것은 기본적으로 양국의 경제발전 덕택이었지만, 상호 비자 면제와 여행인프라의 정비 등이 보조 역할을 했다. 2012년 현재 한일 간 항공편 운항은 39개 노선에 1주당 700회를 웃돌고 있다.

관광을 통한 사람의 왕래는 물자, 정보, 인식 등 문화 전반의 교류를 동반한다. 따라서 한일 관광객 수가 최근 20년 만에 2.5배 이상으로 급증했다는 것은 한일 문화 교류가 그만큼 활성화되었다는 증거라고 볼 수 있다.

전두환 정부부터 시작된 한일의 공식적인 정상회담은 그 후에 더욱 빈번하게 열리게 되었다. 역대 정상회담에서 다룬 주요의제는 경제·안보협력, 문화·인간 교류, 역사인식과 과거사 처리 등이었다. 한일관계가 심화됨에 따라 함께 극복해야 할 현안도 빈발했는데, 정상회담은 그 해결방향을 모색하고 제시하는 데 큰 도움이 되었다.

김영삼·김대중 정부를 거치면서 한일 정상회담은 간편한 의식으로도 수시로 만날 수 있는 '셔틀외교'의 형식으로 자리 잡았다. 특히 2000년대에 들어서 한일의 정상은 다자간회의를 포함하여 매년 여러 차례나 얼굴을 맞댈 정도로 가까운 사이가 되었다. 이명박 정부2008.2~2013.2 때에는 5년 재임 중에 6명의 일본 총리를 상대로 하여 31번의 정상회담이 이루어졌다.

2) 한일협정의 진화

(1) 일부 협정의 개정

① 재일한국인의 법적 지위

국교정상화 50년 동안 한일관계를 규정한 기본조약과 부속협정의 골격은 그대로 유지되었다. 그렇지만 그것들이 안고 있던 한계와 결함이 일정부분 개선되고 보완되었다는 점은 주목할 필요가 있다. 실제로 재일한국인의 법적 지위나 어업에 관한 협정 등은 전면 개정되었다. 한일관계에서 뜨거운 감자인 역사인식과 과거사 처리에서도 적지 않은 변화가 일어났다. 그 추세를 개관해보자.

한국과 일본의 외무장관은 재일한국인의 법적 지위협정 제2조에서 규정한 대로 1965년부터 25년이 경과한 시점인 1991년 1월 10일 '합의각서'를 교환하여 법적 지위협정이 안고 있던 문제점을 많이 해결했다. 그 핵심은 재일한국인 3세 이하에도 영주권을 부여하는 것이었다. 그 밖에 재일한국인의 지문날인 중지, 외국인등록증 휴대 완화, 한국어 및 한국문화 학습 보장, 공립학교 교원 임용 허용 등도 규정했다이에 대한 자세한 내용은 부록 한일관계 50년 주요 문서 8을 참조할 것. 그동안 재일한국인과 일본인 등이 연대하여 재일한국인에 대한 차별철폐운동을 끈질기게 벌여왔다. 이번에 개정된 법적 지위협정에는 그 성과가 어느 정도 반영되었다. 그럼에도 재일 한국인에 대한 지방자치체 참정권 부여, 원호보상 실시, 국민연금 적용 등의 여러 문제들은 아직도 개선되지 못하여 논란을 빚고 있다.

② 어업에 관한 협정

한국 정부는 1965년 어업협정의 체결 이래 일본과의 어업 수준 격차를 메우기 위해 청구권자금 중에서 많은 부분을 어업에 투입했다. 그리하여 30여 년이 지나는 동안 한국의 어업 장비와 기술도 크게 향상되어, 세계 유수의 원양어업국가로 성장할 수 있었다. 그 사이 또 200해리를 배타적 관할권으로 인정하는 등 국제 해양법 체계도 바뀌었다. 한일의 어업환경이 근본적으로 변한 것이다.

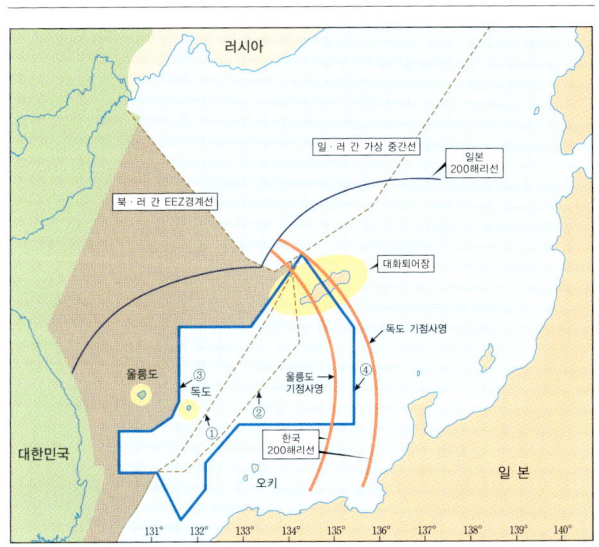

∧ 신어업협정 개념도 ① 울릉·오키 중간선, ② 독도·오키 중간선, ③ 한일 어업협정 중간수역의 서쪽 한계선, ④ 한일 어업협정 중간수역의 동쪽 한계선

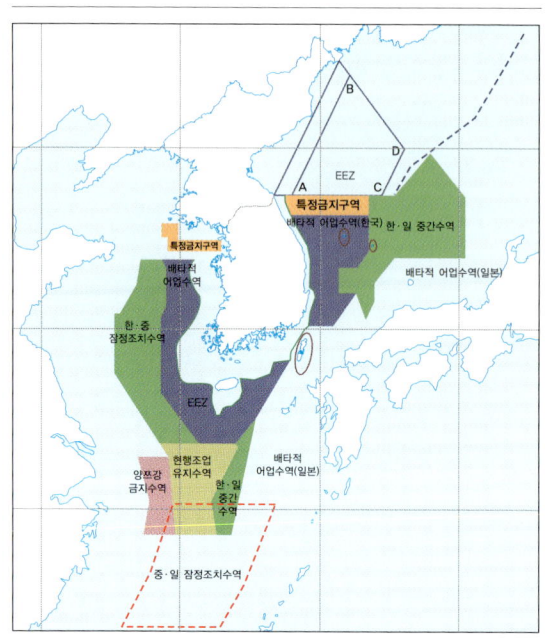
∧ 신어업협정 이후 동아시아 수역도

한국과 일본은 1990년대 후반에 들어서 1965년에 체결된 어업협정을 그대로 준수하기 어렵다고 판단하고 개정협상을 추진했다. 그렇지만 서로 자국의 주장을 지나치게 고집하여 쉽게 합의에 이르지 못했다. 이에 일본은 1998년 1월 23일 일방적으로 어업협정의 파기를 선언했다.

일본의 돌출행동으로 한일협정 체제는 최대의 위기를 맞았다. 한국과 일본은 이 이상사태를 해소하기 위해 외교적 절충을 되풀이한 끝에 1998년 11월 28일 신어업협정을 체결하고 이듬해 1월 22일 발효시켰다
_{이에 대한 자세한 내용은 부록 한일관계 50년 주요 문서 10을 참조할 것}.

한국에서는 신어업협정이 한국의 어장을 축소시키고 어획량을 감소시킨다는 우려가 제기되었다_{신어업협정 이후 동아시아 수역도 참조}. 나아가서 신어

업협정이 독도 주변을 공동관리수역에 포함시킴으로써 한국의 독도 영유권에 손상을 가져왔다는 비판도 거셌다.^{신어업협정 개념도 참조} 이에 대해 한국 정부는 독도 주변 12해리는 한국의 영해이므로 중간수역과는 다르다고 해명했다. 대법원도 관련 소송에서 중간수역과 독도 영유권은 관련이 없다고 판시했다.

③ 문화재 반환

1965년에 체결된 문화재협정은 개정되지 않았다. 그런데 최근 러일전쟁 백 년²⁰⁰⁵ 또는 일본의 '한국병합' 백 년²⁰¹⁰을 맞아 일본 소재 한국 문화재의 일부가 반환되었다.

야스쿠니신사에 방치되어 있던 북관대첩비^{北關大捷碑}는 임진왜란 당시

∧ 이명박 대통령과 간 나오토[菅直人] 일본 총리 2010년 11월 14일 일본 요코하마 인터컨티넨탈 호텔에서 일제 강점기 반출된 조선왕실의궤를 비롯한 도서 1천 205책의 한국 반환 협정식을 마친 뒤 한국 반환에 합의된 일부 도서를 살펴보고 있다. (중앙일보, 2010. 11. 15)

의병을 모아 왜군을 격퇴한 정문부 장군의 전공을 기려 숙종 재위 때 건립된 비석으로, 1905년 러일전쟁 당시 일본군이 제멋대로 가져간 것이었다. 일본은 한국의 반환요구를 받아들여 백 년 만인 2005년에 이 비석을 한국에 인도했다. 한국은 이 비석이 원래 함경도 길주에 있었던 점을 감안하여 북한에 넘겨주었다. 도쿄대학이 소장하고 있던 조선왕조실록 오대산본 47책도 2006년에 서울대학교로 돌아왔다.

'한국병합' 백 년을 맞아 일본의 민주당 정부는 별도의 입법조처를 통해 궁내청 서릉부가 소장하고 있던 조선왕실의궤 81종 161책을 2011년에 한국 정부에 인도했다_{이에 대한 일본 정부의 마음가짐과 행동방침에 대해서는 부록 한일 관계 50년 주요 문서 16을 참조할 것}. 일본 정부가 이상한 방법으로 가져간 내력이 명확한 문화재의 일부를 한국에 돌려준 조치는 문화재협정의 결함을 극복하려는 시도였다고 볼 수 있다.

(2) 역사인식의 개선

① 일본 정부와 총리의 견해

한일 국교정상화 이후 일본의 유력한 정치인이 한국의 역사를 폄하하고 왜곡하는 발언을 하여 한국 국민의 자긍심에 상처를 입히고 반일감정을 촉발시키는 일이 자주 일어났다. 이른바 '망언 사건'이다. 그렇지만 큰 흐름에서 보면, 일본의 역대 정부와 국민의 역사인식은 개선의 길을 걸어왔다고 볼 수 있다. 좀 더 적극적으로 말하면 일본 쪽의 역사인식이 한국 쪽의 역사인식에 가까워지거나, 양쪽의 역사인식이 접점을 향해 수렴하는 경향이었다. 이것은 일본의 역대 정부와 총리가 발표한 담화 등에서 확인할 수 있다.

1965년 한일협정에서 일본 정부는 식민지 지배에 대해 사죄와 반성의 뜻을 명기하지 않았다. 기껏해야 시이나 외무대신이 한국에 와서 한일 간에 있었던 불행한 관계에 대해 유감을 표명하고, 이동원 외무장관과의 공동성명에서 이것을 문서로 확인한 정도였다.^{이에 대한 자세한 내용은 부록 한일관계 50년 주요 문서 2를 참조할 것.}

일본에서 고도 경제 성장이 지속되고 민주주의가 정착한 1980년대에 들어서도 나카소네 야스히로 총리는 중국에 대한 침략전쟁은 인정했지만 한국의 식민지 지배에 대해서는 명확한 의사를 밝히지 않았다. 그는 1983년 1월 11일, 일본 총리로서 처음 공식 방한하여 전두환 대통령과 회담했다. 그는 만찬 석상에서 '양국 사이에 불행한 시기가 있었다는 것을 유감으로 생각한다'는 정도의 뜻을 밝히는 데 그쳤다.

그런데 1965년 기본조약에서 무시한 일본의 식민지 지배에 대한 반성과 사죄는 30여 년이 지난 뒤 일본 정부와 총리 차원에서 어느 정도 이루어지게 되었다. 1993년 8월 짧은 기간이나마 자민당 정권을 대신하여 집권한 호소카와 모리히로細川護熙 총리는 한국을 방문하여 김영삼金泳三 대통령과 정상회담을 갖고 다음과 같이 언급했다. "우리나라의 식민지 지배로 인해 한반도의 사람들이 모국어 교육의 기회를 빼앗기고, 성명을 일본식으로 바꾸도록 강요당하고, 또 위안부·강제연행 등 여러 가지 형태로 참기 어려운 고통과 슬픔을 경험한 것에 대해서 가해자로서의 비도非道한 행위를 깊이 반성하고, 진심으로 진사陳謝한다."

또 무라야마 도미이치村山富市 총리는 1995년 8월 15일 전후 50주년을 맞아 각의결정을 통해 다음과 같은 담화를 발표했다. "우리나라는 멀지 않은 과거의 한때 국책을 그르쳐 전쟁으로의 길을 걸어서 국민을 존망의 위기에 빠뜨렸고, 식민지 지배와 침략으로 인해 각국, 특히 아시아 여러 나라 사람들에게 막대한 손해와 고통을 주었습니다. …… 이에 다시 한 번 통절한 반성의 뜻을 표하고, 진심으로 사죄의 마음을 표명하겠습

^ 월드컵이 열리는 2002년을 '한일 국민교류의 해'로 지정키로 합의 한일 양국은 1999년 10월 23일 오후 제주도에서 김종필 총리와 오부치 게이조 총리 간 총리회담 및 양국 각료간담회를 잇달아 열어 이를 결정했다. (중앙일보, 1999. 10. 23)

니다"^{이에 대한 자세한 내용은 부록 한일관계 50년 주요 문서 14를 참조할 것}.

'무라야마 담화'의 역사인식은 전후 60년을 맞아 고이즈미 총리가 2005년 8월 15일에 발표한 담화에서도 계승되었다^{이에 대한 자세한 내용은 부록 한일관계 50년 주요 문서 15를 참조할 것}.

호소카와와 무라야마 총리가 한국을 특정하지 않은 데 비해, 오부치 게이조小淵惠三 총리는 1998년 10월 8일 김대중 대통령과 함께 발표한 '21세기의 새로운 한·일 파트너십 공동선언'을 통해 한국을 특정하여 사죄와 반성의 뜻을 표명했다. "우리나라가 과거의 한때 한국 국민에게 식민지 지배를 통해 막대한 손해와 고통을 주었던 역사적 사실을 겸허하게 받아들이고, 이에 대해 통절한 반성과 진심의 사죄"를 표시한 것이다이에 대해 자세한 내용은 부록 한일관계 50년 주요 문서 9를 참조할 것.

국교정상화 이후 30여 년이 경과한 시점에서 일본 정부가 식민지 지배에 대해 일본을 가해의 주체로, 한국을 피해의 객체로 명시하여 '사죄와 반성'의 뜻을 분명히 천명하고, 한국 정부도 이것을 호의적으로 받아들인 것은 주목할 가치가 있다.

김대중·오부치 공동성명과 비슷한 취지의 역사인식은 2000년대 이후에도 기본적으로 계승되었다고 볼 수 있다.

고이즈미 준이치로 총리는 재임 중 해마다 야스쿠니신사를 참배하여 한국과 역사갈등을 빚었지만, 2001년 한국의 서대문형무소 유적지를 방문하여 '사죄와 반성'의 역사인식을 계승하겠다는 의지를 분명히 밝혔다. 고이즈미 총리의 이러한 역사인식은 2002년 9월 17일 북한의 김정일 국방위원장과 함께 발표한 '조일평양선언'에도 반영되었다이에 대한 자세한 내용은 부록 한일관계 50년 주요 문서 18을 참조할 것. 이 선언에서 두 나라 정상은 식민지 지배에 대한 배상의 문제를 경제협력 방식으로 처리한다고 해서 우리를 놀라게 만들었다. 이렇게 되면 한일협정의 범주를 벗어나지 못하기 때문이다.

2009년 9월 탄생한 민주당 정부는 역사인식에서 한 걸음 더 나아갔다. 간 나오토菅直人 총리는 일본의 '한국병합' 백 년에 즈음해 2010년 8월 10일 다음과 같은 담화를 발표했다. "3·1 독립운동 등의 심한 저항에서 보였던 대로, 정치적·군사적 배경 아래 당시의 한국인들은 그 뜻에 반하여 행해진 식민지 지배로 인해 나라와 문화를 빼앗기고 민족의 자긍심에 깊은 상처를 입었습니다." 이어 그는 "통절한 반성과 마음속으로부터의 사죄"도 표명했다이에 대한 자세한 내용은 부록 한일관계 50년 주요 문서 16을 참조할 것.

우리가 '간 담화'에서 주목할 부분은 '한국인의 뜻에 반하여 행해진 식민지 지배'라는 구절이다. 이 문구는 간접적으로나마 '한국병합'이 강제로 이루어졌다는 인상을 풍겼다. '한국강제병합'과 그에 따른 식민지 지배에 대해 한국 정부는 국교정상화 교섭에서 불법·부당했다고 주장했고, 일본 정부는 합법·정당했다고 주장했다. 1990년대에 이르러 일본 정부의 역사인식은 합법·부당 쪽으로 바뀐 듯이 보였는데, 2010년에 와서 강제성을 인정함으로써 불법·부당 쪽으로 기우는 듯한 인상을 주었다.

일본은 '한국병합' 이후 100년이 지날 때까지도 '한국병합'의 강제성을 인정하지 않고 식민지 지배의 합법성을 굳게 주장해왔다. 간 나오토 총리의 담화는 '한국병합'이 강압이고 불법이라는 한국 측 주장에 귀를 기울인 것으로 보인다. 민주당 정권이 국민의 지지를 급격히 상실하여 단명에 끝나는 바람에 '간 담화'는 곧 잊혀져버렸다. 그렇지만 일본 총리의 역사인식이 한국의 역사인식에 접근한 것을 보여준 사례임에는 틀림없다. 앞으로도 일본 정부가 이런 태도를 견지해갈지를 눈여겨볼 필요가 있다.

현재 집권자인 아베 신조 총리는 역사인식과 과거사 처리를 둘러싸고 한국과 첨예하게 대립하고 있다. 그런데 아베 총리도 기본적으로는 식민지 지배에 대한 사죄와 반성의 역사인식에서 완전히 벗어나지는 않았다. 그는 2013년 국회 답변 등을 통해 자신은 일본이 침략하지 않았다고 말한 적이 없으며, 식민지 지배에 대해서도 부정한 바가 없다고 해명했다. 또 아베 내각은 '무라야마 담화'와 '고이즈미 담화'를 포함하여 역대 내각의 역사인식을 전체적으로 계승하겠다는 뜻을 밝혔다. 현안으로 다시 부각된 일본군'위안부' 문제에 대해서도 '고노 담화'를 번복할 생각이 없다고 밝혔다. 아베 총리의 이러한 발언은 한국과 중국의 반발을 누그러트리기 위한 변명일 수도 있지만, 일본 정부의 공식적인 역사인식이 본질적으로 바꾼 것은 아니라고 보아도 좋을 것이다.

이처럼 한일협정 체결 이후 30여 년이 지나면서 일본 정부의 역사인식에는 큰 변화가 나타났다. 그중에는 한국 정부의 역사인식에 이해를 표명하는 경우도 있었다. 그렇지만 '한국병합조약'의 강제성을 공식적으로 인정하지 않았다 점에서 아직 기본조약의 테두리를 벗어나지 못했다고 볼 수 있다. 역사인식에서 한일 양국의 격차는 아직도 크게 벌어져 있다.

② 역사교과서의 기술

일본 국민의 평균적인 역사인식을 보여주는 역사교과서 기술에서도 개선의 흐름을 찾아볼 수 있다. 국교정상화 당시와 현재의 일본 역사교과서의 한일관계사 기술을 비교하면, 양적·질적인 면에서 괄목할 만한 변화가 일어났다. 특히 근대 일본이 강화도사건 이래 한국을 침략하고 식민지로 만들어가는 과정, 식민지 지배에서 자행된 차별과 억압, 동화와 동원, 저항과 탄압 등에 관련된 사안은 실례를 들어 요령 있게 잘 기술했다. 지금 논란이 되고 있는 일본군'위안부'에 대해서도 대부분의 고등학교 일본사 교과서는 간략하게나마 언급하고 있다. 1997년 이후 몇 년 동안은 중학교 역사교과서 모두가 일본군'위안부'에 대해 한두 줄 기술한 적도 있었다.

일본 역사교과서가 개선의 길을 걸은 데는 1982년에 발생한 '역사교과서 왜곡 사건' 등이 오히려 좋은 계기가 되었다. 한국과 중국의 강력한 비판에 직면한 일본 정부는 1982년 8월 26일 미야자와 관방장관의 담화를 통해, 1965년의 한일 외무장관 공동성명'과거의 관계는 유감이며 깊이 반성하고 있다.' 이에 대한 자세한 내용은 부록 한일관계 50년 주요 문서 2를 참조할 것의 인식에 기초하여 정부의 책임 아래 교과서 기술을 시정하겠다고 밝혔다이에 대한 자세한 내용은 부록 한일관계 50년 주요 문서 11을 참조할 것.

^ 다카노 도시유키[高野紀元] 주한 일본 대사(왼쪽) 일본의 3개 중학교용 공민교과서 및 지리교과서가 독도를 '일본 땅'으로 왜곡 기술한 것과 관련해 4월 6일 주한 일본 대사를 서울 세종로 외교부 청사로 소환하였다. (한국경제, 2005. 4. 6)

오카와 문부대신은 위의 방침을 받아 1982년 11월 24일 성명에서 교과서 검정 기준에 이른바 '근린제국조항'을 추가하겠다고 천명했다. 그 골자는 '근린 아시아 여러 나라와 관련된 근현대의 역사를 기술하는 부분에서는 국제 이해와 국제 협조의 견지에서 필요한 배려를 해야 한다'는 것이었다(이에 대한 자세한 내용은 부록 한일관계 50년 주요 문서 12를 참조할 것). 독일은 이미 1950년대부터 근린 여러 나라의 역사인식을 배려하면서 교과서를 편찬해왔다. 조금 늦기는 했지만, 일본도 1980년대 이후 교과서 편찬에서 근린 여러 나라의 역사인식을 감안하는 단계로 진입한 것은 의미 있는 일이었다.

일본의 역사인식과 교과서 기술이 개선된 이유는 일본의 경제발전,

민주주의의 정착, 국제사회에서의 역할 증대, 역사 연구의 진전 등을 통해 국민 전체의 역사의식이 높아졌기 때문이다. 거기에는 한국과 일본의 공동 연구와 연대 활동도 큰 영향을 미쳤다. 양국의 연구자·교육자 사이에서 다양한 종류의 역사 대화가 이루어졌고, 그 내용은 언론과 저술 등을 통해 일반 국민에게도 알려졌다. 역사 대화의 참가자 중에는 교과서 집필자도 들어 있었다. 2007년을 전후하여 한국과 일본에서 동시 출판된 역사 공통 교재만도 다섯 종류나 되었다. 그리하여 일부에서나마 한국과 일본이 역사인식을 공유하는 현상도 나타났다.

지금의 아베 정권은 학교교육에서 애국과 애향, 전통과 영토를 중시한다. 이에 따라 교과서의 내용과 일반 국민의 역사인식에서도 내셔널리즘의 색채가 점점 강해지고 있다. 실제로 2015년 4월에 발표된 중학교 사회과 교과서 검정결과를 보면 독도의 영유권을 주장하는 기술이 대폭 강화되었다.

그렇지만 이런 반동적 움직임이 종래 개선의 길을 걸어온 역사교과서의 기술을 완전히 후퇴시킬지 어떨지는 좀 더 지켜봐야 한다. 현재로서는 한국과 일본 사이에서 나타난 역사인식의 접근 경향을 소중하게 여기고, 이런 흐름이 좀 더 강해지도록 힘을 실어주는 게 필요하다. 잘못을 비판하고 질타하는 것보다 잘한 점을 칭찬하고 격려하는 것이 역사인식을 둘러싼 한일의 갈등을 풀어가는 데 더 유용한 방법이라고 생각한다.

(3) 과거사 처리의 보완

① 봉인된 과거사 문제의 분출

일본은 원칙적으로 샌프란시스코강화조약에 따라 관련 당사국과 각각 조약을 맺어 과거사를 처리했다. 이 방식은 침략전쟁이나 식민지 지배에 대해 국가의 책임을 인정하고 배상하는 방식이 아니라 인도적 견지에서 경제협력을 제공하는 것이었다. 한국은 일본의 조처에 대해 정면에서 반발했다. 그렇지만 일본에 대해 징벌 대신 관용을 베푼 샌프란시스코강화조약 체제를 거스를 수는 없었다. 그리하여 한일협정에서 과거사 처리를 규정한 부속협정은 청구권과 경제협력을 포함한 어중간한 명칭을 갖게 되었다.

한국 정부는 청구권자금을 일괄 수령하고, 1975~1977년에 징병·징용이나 재산관계 피해자에게 일정 액수를 보상했다. 보상 총액은 청구권 자금 3억 달러의 5.4%인 95억 원이었다. 나중에 보상이 부실했다는 여론이 비등하자 한국 정부는 새로 법률을 제정하여 2008년부터 국가 예산으로 더 많은 보상을 실시했다.

1980년대 이후 역사인식과 더불어 과거사 처리가 다시 한일 사이의 현안으로 부상했다. 한일협정 체결 당시 충분히 논의되지 못했던 사할린에 버려둔 한국인, 한국에 거주하는 원자폭탄 피폭자, 일본군'위안부' 피해자 등에 대한 책임과 보상 문제가 소송과 운동 등을 통해 잇달아 제기되었기 때문이다. 일본과 한국에서 민주주의가 진전되고 역사인식이 개선됨에 따라 종래 애매모호하게 봉합되었던 과거사 처리가 다시 터져 나온 것이다.

일본 정부는 청구권에 관련된 모든 문제는 한일협정으로 완전히 그리고 최종적으로 끝났다는 자세를 고수했다. 그러면서도 개별적 사안에 대해서는 인도적 견지에서 기금 등을 통해 해결하는 방안을 모색하였다. 한국 정부는 일본 정부를 상대로 요구할 것은 요구하고 받아들일 것은 받아들이는 태도로써 대응하였다.

② 사할린에 버려둔 한국인

1945년 8월 사할린에는 약 4만 3천여 명의 한국인이 거주하고 있었는데, 그중에는 1만 6천여 명의 전시동원 노무자가 포함되어 있었다. 일본은 1946~1949년까지 사할린 거주 일본인 약 30만 명을 귀국시킨 반면, 한국인은 일본국적을 상실했다는 구실을 내세워 그대로 내버려두었다.

한국 정부는 1966년부터 일본 정부에 대해 사할린에 내버려둔 한국인의 귀한歸韓을 위해 노력해줄 것을 요청했다. 일본은 인도적 견지에서 1988년부터 사할린 거주 한국인에 관련된 예산을 편성했다. 1990년 한국과 소련이 국교를 맺었다. 한국과 일본은 공동사업체를 설립하여 사할린 거주 한국인의 일시귀국과 영주귀국을 지원했다. 이들에게 도항비·아파트 등을 제공하고, 사할린에 한인문화센터 등을 건립했다. 2001년까지 1천 5백여 명이 영주 귀국했다.

일본이 뒤늦게 인도적 차원이라는 명목으로나마 사할린에 버려둔 한국인의 피해를 위로하고 치유에 나선 것은 다행스런 일이었다. 한국이 공동자금을 출연하는 등 이에 협력한 것도 과거사 처리의 새로운 방향을 보여준 좋은 본보기였다.

③ 재한 원자폭탄 피폭자

히로시마廣島와 나가사키長崎에서 원자폭탄의 피해를 입은 한국인은 약 7만 명이었다. 그때 살아남은 3만 명 중에서 2만 3천여 명이 1946년을 전후하여 한국으로 돌아왔다. 그들은 온전하지 못한 육체를 이끌고 6·25전쟁 등을 겪으면서 열악한 생활환경 속에서 온갖 고생을 다 겪었다. 그리하여 1991년 현재 한국 정부에 등록한 재한 피폭자 수는 9천 2백여 명에 불과했다.

∧ 경남 합천군 합천읍 영창리 439번지 합천원폭피해자 복지회관 전경 (중앙일보, 2010. 8. 12)

　한국에서는 1967년 피해자단체가 결성되어 일본 정부를 상대로 지원을 요구하는 소송과 운동을 벌였다. 양국 정부는 1970년대 후반부터 원폭 피해자의 구제 문제를 협의하고, 1981년부터 이들의 도일치료渡日治療를 지원했다. 349명이 이에 응하였다. 1991년과 1993년 일본 정부는 재한원폭피해자복지기금에 40억 엔을 출연하여 이들에 대한 의료사업을 지원했다. 2003년부터는 재한 원폭 피해자에게 원호수당을 지급했다. 한국 정부도 진료비, 장례비, 복지회관운영비 등을 지원했다.
　일본 정부는 과거사 처리에서 일본 국적 소지 여부를 자의적으로 판단하여 일본인에게만 혜택을 주는 방침을 엄격히 지켜왔다. 그런데 최근 원폭 피해자에 대해서만큼은 한국인도 일본인과 같은 지원을 받을 수 있는 방향으로 선회하였다. 일본 정부가 과거사 처리는 한일협정을 통해 완전히 그리고 최종적으로 해결되었다는 원론적 입장을 견지하면서도 인도적 차원에서 피해자의 고통을 일부나마 덜어주려고 노력한 태도는 격려할 만한 일이다.

④ 일본군'위안부'

지금 최대의 현안으로 부각된 일본군'위안부' 문제는 좀 더 복잡한 성격을 띠고 있다. 일본 정부는 일본군'위안부' 문제에 대해 국가책임을 인정할 수 없고, 배상 문제도 한일협정으로 완전히 그리고 최종적으로 해결되었다는 자세를 고수하고 있다.

1991년부터 외교현안으로 등장한 일본군'위안부' 문제는 김영삼 정부가 출범한 1993년 한일관계에 커다란 걸림돌이었다. 일본군'위안부' 동원의 강제성을 인정해야 한다는 한국의 입장과 1965년 청구권 협정으로 모든 것이 해결되었다고 주장하는 일본의 입장에서 접점을 찾는 것은 어려운 일이었다. 이에 김영삼 정부는 1993년 3월 13일 일본군'위안부' 문제에 관하여 더 이상 일본에 금전적 보상을 요구하지 않고 한국 정부가 직접 피해자들에 대한 지원조치를 실시하겠다는 방침을 밝혔다. 그것은 피해자에게 일시금 500만 원과 함께 매월 15만 원의 생활안정지원금을 지급하고 임대주책 입주와 의료비를 지원한다는 내용이었다. 물론 이러한 조치가 일본군'위안부'에 관한 법적 책임문제를 포기한다는 의미는 결코 아니었다. 법적 책임이 일본 측에 있는 것은 틀림없지만 이것을 둘러싸고 일본과 외교적 공방을 벌이며 금전적 보상을 계속 요구하기 보다는 우리 정부가 먼저 피해자에게 도움을 주고 일본에 대해서는 진상 규명을 요구한다는 것이었다.

한국 정부의 이러한 선제조치는 일본의 연립정권과 뜻있는 지식인들

∧ 서울 종로구 중학동 일본 대사관 앞에서 열린 23주년 일본군'위안부' 문제 해결을 위한 정기 수요집회 (뉴시스, 2015. 1. 7)

에게 자극을 주었다. 그 결과 일본에서 1995년 7월 '여성을 위한 아시아 평화 국민기금^{아시아 여성기금}'이 발족되었다. 그 사업 중에서 한국과 관련된 사항은 일본군'위안부' 피해자에게 위로금 200만 엔과 의료복지지원금 3백만 엔을 합쳐 모두 5백만 엔 정도의 보상비와 의료비를 지급하는 것이었다. 이와 함께 하시모토, 오부치, 모리, 고이즈미 등 역대 일본 총리의 사죄 서한도 전달하였다^{이에 대한 자세한 내용은 부록 한일관계 50년 주요 문서 17을 참조할 것}.

일본은 청구권 협정으로 법적인 문제는 종결되었다는 입장이기 때문에 실제로는 정부가 상당한 예산을 부담하면서도 표면적으로는 '아시아 여성기금'이라는 민간조직이 지원 사업을 담당하는 형식을 취했다. 그리고 피해자들에게 보내는 일본 총리의 사죄 편지에서도 '도의적 책임'을 강조함으로써 법적 또는 공식적 책임을 인정하지 않으려는 인상을 주었다. 이에 한국의 피해자와 관련단체는 '아시아 여성기금' 사업이 일본의 법적 책임을 회피하려는 것으로 보고 강하게 반발했다. 한국 정부도 '아시아 여성기금'을 수용할 수 없다는 입장을 일본 정부에 전달했다. 그럼에도 일본정부는 '아시아 여성기금' 사업의 실시 방침을 고수하며 1997년 1월부터 한국인 피해자 61명에게 위로금과 의료복지지원금을 지급했다. 한국에서 강력한 반발에 부딪친 '아시아 여성기금'은 2002년 5월 한국에 대한 사업을 종료했다.

'아시아 여성기금'은 일본이 좋은 의도에서 시도했을지라도 한국의 피해자와 관련단체의 이해를 확보하지 못한 채 무리하게 실시되어 오히려 한일의 갈등을 더욱 꼬이게 만드는 결과를 초래했다. 이러한 복잡한 사정을 배경으로 1998년 4월 21일 김대중 정부는 3,150만원의 지원금 지급을 내용으로 하는 지원조치를 결정했다. 이 금액은 피해자들이 '아시아 여성기금'의 위로금을 받지 않고도 생활할 수 있는 정도의 수준으로 책정한 것이었다.

그런데 지난 20여 년간 일본군'위안부' 문제는 사할린에 버려둔 한국인이나 재한 원자폭탄 피폭자 등과는 다른 차원에서 대단히 어렵게 꼬여버렸다. 그 원인으로 주요 관련 당사자 간에 사안의 본질과 성격을 둘러싸고 의사소통이 잘 이루어지지 않은 점을 들 수 있다. 그리하여 주요 행위자인 한국과 일본의 정부, 일본군'위안부' 피해자와 이들을 지원하는 양국의 시민단체 사이에 서로 납득할 수 있는 해결방안을 찾기가 어려워졌다.

한국의 '정신대문제대책협의회' 등의 시민단체는 일본 정부에 대해 일본군'위안부' 범죄 인정, 진상 규명, 국회결의를 통한 사죄, 법적 배상, 역사교과서 기술, 위령탑과 사료관 건립, 책임자 처벌 등을 요구하고 있다. 이에 대해 일본 정부는 국가의 책임을 인정하지 않고, 법적 사죄와 보상에도 응할 의향이 없다고 맞서고 있다. 그리하여 일본군'위안부' 문제는 한일관계의 최대 현안으로 증폭되었고, 국제사회에서도 양국이 자존심을 다투는 논쟁거리가 되어버렸다. 한국과 일본은 현재 일본군'위안부' 문제를 타개할 수 있는 방안을 다각적으로 모색하고 있다.

 세상의 모든 일에는 공功이 있으면 과過도 있게 마련이다. 국교정상화 50년을 맞은 올해야말로 한국과 일본의 정부와 국민이 그동안 과거사 처리를 위해 씨름해온 경위와 실적 및 과제를 면밀하게 검토하여 잘한 점은 칭찬하고 못한 점은 반성하는 작업이 필요하다. 이러한 작업을 바탕으로 양국의 정부와 피해자 및 지원자 등은 허심탄회虛心坦懷하게 보완방법을 논의해야 한다. 과거사 피해자가 모두 고령임을 감안하면 이와 같은 조처는 빠르면 빠를수록 좋다. 이를 위해서는 양국의 관련 당사자들이 소리小利에 집착하지 말고 대리大利를 추구하는 자세를 가져야 한다.

한일회담·한일협정,
그 후의 한일관계

05

한일 국교정상화 50년의
총괄과 전망

1) 국교정상화 50년의 성취

(1) 수평적水平的 **관계의 형성**

한국과 일본은 1945년 종전과 해방 이후 파란만장波瀾萬丈한 국내외 정세에 대응하면서 복잡다단한 선린 우호 관계를 맺어왔다. 국교정상화 50년을 포함하여, 한국의 입장에서 현대 한일관계사1945~2015의 궤적을 되돌아보면 대체로 다음과 같은 모습을 그릴 수 있을 것이다.

제1기1945~1965는 한국과 일본이 식민지 지배로 야기된 과거사를 정리하고 국교를 재개하기 위해 노력한 시기다. 미국을 중심으로 한 연합국은 일본과 샌프란시스코강화조약을 체결하여 아시아·태평양전쟁의 처리를 마무리했다. 한국과 일본은 그 틀 속에서 14년에 걸쳐 마라톤회담을 전개했다. 이른바 한일회담이 그것이다.

한일회담은 역사인식과 과거사 처리 등을 둘러싸고 견해 차이를 좁히지 못한 채 난항을 거듭했다. 한국에서는 자유당, 민주당, 민주공화당으로 정권이 교체되고, 일본에서는 자유민주당 장기 집권체제가 구축되었다. 한반도에서 6·25전쟁이 일어나는 등 냉전의 분위기가 세계를 휩쓸었다. 한국과 일본은 각각 미국과 안보동맹을 맺고 미국의 압도적 영향 아래 자유민주주의와 자본주의 체제로의 문명 전환을 이룩하였다.

제2기1965~1979는 한국과 일본이 수직적·비대칭적 관계를 맺은 시기다. 한국과 일본은 국교정상화 조약을 체결하여 일단 과거사를 정리하고 대등한 국가로서 국교를 재개하였다. 한국은 '청구권자금'과 연계하여 일본의 자본과 기술을 도입하고, 조국근대화와 민족중흥에 매진했다. 그리고 경제개발에 박차를 가한 결과 한국은 신흥공업국가의 선두로 부상했다. 외국으로부터 '한강의 기적'이라는 찬사를 받은 것도 이 시기다. 반면에 한국은 일본과 경제면에서는 수직적 분업관계, 정치면에서는 비대칭적 유착관계에 놓이게 되었다. 이것을 뒷받침한 것이 한국에서는 개발독재·권위주의, 일본에서는 자민당 1당 우위의 정치체제였다.

　1970년대 초부터 일본과 미국이 중국과 수교하는 등 동아시아의 국제정세에 데탕트의 분위기가 감돌았다. 그렇지만 남북한의 대결이나 베트남전쟁 등에서 보듯이 동아시아는 아직 냉전의 분위기에 젖어 있었다. 한국과 일본 사이에도 반공연대가 건재하여 역사인식이나 과거사 처리, 독도 영유권 등을 둘러싼 갈등과 대립은 심하게 불거지지는 않았다.

　제3기 1979~1998는 한국과 일본이 수직적 관계에서 벗어나서 상대적 수평화 단계로 진입한 시기다. 한국이 일본에서 소재와 설비를 도입하여 수출하는 무역 구조는 여전했지만, 자본과 기술에서 일본 의존도는 현저히 낮아졌다. 세계 무대에서 일본 기업과 시장을 다투는 한국 기업도 생겨났다. 소련과 중국의 개혁·개방 등 세계가 냉전에서 탈피하는 움직임이 나타나 한국과 일본의 반공연대도 약화되는 경향을 보였다.

　한국에서는 정치의 민주화와 사회의 다원화가 괄목할 만하게 진전되었다. 그리하여 권위주의 시대에 봉인되었던 역사인식과 과거사 처리를 둘러싼 갈등이 표출되는 현상이 나타났다. 한국에서의 반일 내셔널리즘은 때때로 일본을 극복하자는 움직임으로 전화되었다. 일본에서는 자민당 1당 중심 체제가 무너지고 자민당 위주의 연립정권이 출현했다. 일본의 국력이 답보하는 반면 중국의 국력이 강대해져 동아시아의 국제정세에 대변동이 일어났다.

　일본과 한국은 역사인식과 과거사 처리 등을 둘러싸고 갈등과 타협을 되풀이했다. 그런 가운데 양국이 역사인식과 과거사 처리에서 상당한 정도의 상호 접근을 이룩한 것은 주목할 만한 변화였다.

　제4기 1998~2015는 한국과 일본이 상대적 균등화로 이행하기 시작한 시기다. 1990년대 초까지만 하더라도 한국의 국내총생산액은 일본의

∧ 세계 6위의 철강생산국으로 끌어올리는 데 결정적 역할을 한 포항제철의 포항 제철소 전경. 포항제철 건설에는 유상·무상의 청구권자금 약 1억 3천만 달러가 투입되었다. 일본의 미쓰이, 미쓰비시 등이 공사에 참여하고, 신일본제철 등이 기술을 제공했다. (중앙일보, 1997. 4. 14)

12분의 1에 불과했는데, 2012년에는 5분의 1 정도로 축소되어 격차가 상당히 줄어들었다. 한국의 대일 무역의존도는 1965년 수출 25.5%, 수입 37.8%였는데 2012년 수출 7.1%, 수입 12.4%로 현저히 약화되었다. 한국의 기업이 세계시장에서 일본의 기업을 제치거나, 한일합작으로 세계시장에 진출하는 사례도 등장하였다. 스포츠와 예술 등의 면에서도 상호 경합이 치열해졌다. 한류와 일류 붐에서 보듯이 두 나라 국민의 생활과 의식에 하이브리드 현상이 확산되었다.

한국에서는 여야가 투표를 통해 정권을 교체함으로써 민주주의가 뿌리를 내렸고 시민운동이 세력을 확대했다. 일본에서는 한때 민주당으로 정권이 교체되었지만 국정운영의 실패로 국민의 지지를 상실하여 자민당 독주의 보수정치로 회귀했다. 그리하여 역사인식과 과거사 처리, 독도 영유권 문제 등을 둘러싸고 한국과 노골적으로 대립하는 상황이 벌어졌다.

중국의 국력이 급속히 팽창하고 북한이 핵무기를 개발하는 등 동아시아의 안보정세가 긴장되는 가운데 미국과 일본의 동맹이 더욱 공고해지는 현상이 나타났다. 그 사이에서 한국의 위상이 높아진 반면, 어느 쪽에 경사될 것인가를 둘러싸고 견제와 의혹을 받는 상황에 처했다.

한국과 일본은 역사인식과 과거사 처리 등을 둘러싸고 갈등을 되풀이했지만, 기본적으로는 타협을 통해 서로 개선하고 보완하는 여정을 걸어왔다고 볼 수 있다. 그런데 2012년 이후 양국은 종래와는 차원이 다른 위기에 휩싸이게 되었다. 역사갈등의 최종 관리자인 양국 정상이 정면에서 부딪침으로써 국민 상호 간에도 불신과 혐오가 넓고 깊게 퍼졌다. 이것은 한일관계 전반을 나쁘게 만들어 쉽게 수습의 실마리를 찾지 못할 상황에 이르렀다. 그리하여 설령 양국 지도자가 결단을 통해 역사갈등을 봉합한다 하더라도 이후의 한일관계는 종래와 같은 우호친선의 분위기로 바뀔 것 같지는 않다. 따라서 2012년 이후의 한일관계는 제5기로 다시 구분하는 것이 좋을 것이다.

(2) 동질적同質的 국가의 실현

한국과 일본은 잦은 마찰과 갈등에도 불구하고 세계의 수준에서 본다면 국교정상화 50년 동안 밀접한 교류와 협력을 통해 꽤 양호한 선린우호 관계를 구축했다. 특히 폐허와 빈곤 속에 허덕이던 한국의 성장과 발전은 괄목할 만한 성과였다. 그 과정에서 일본은 한국의 모범이었으며 따라잡아야 할 대상이었다. 한국은 일본이 이룩한 양질의 문명을 모방하고 학습하면서 자신의 포부와 역량을 키워왔다. 역사인식과 과거

^ 월드컵 공동 개최 유치 기념 한일 친선경기 2차전(중앙일보, 1998. 4. 1) 한국과 일본은 월드컵 사상 처음으로 국가 간 공동 개최를 성사시키고, 각각 10개 도시에서 훌륭하게 경기를 치러냈다(2002). 한류 붐과 일류 붐을 일으키는 중요한 계기가 되었다.

사 처리 등을 둘러싸고 때때로 분출된 반일 내셔널리즘의 폭풍 속에서도 극일克日의 염원을 불태우며 일본을 따라잡는 노력을 되풀이했다. 그리하여 불과 반세기 만에 한국은 국민의 생활양식과 문화수준에서 일본과 선진성과 보편성을 공유하는 동질의 국가로 발전했다. 한국이 이렇게 발전하는 데는 일본의 협력과 지원이 큰 힘이 되었다.

한국의 발전과 더불어 일본도 다대한 이익을 향유했다. 한일 국교정상화 3년 만에 일본은 세계 제2위의 경제대국으로 올라섰다. 이후 일본은 변화무쌍變化無雙한 동아시아의 국제정세 속에서도 경제발전을 지속하면서 평화국가로서 번영을 구가했다. 그 과정에서 한국은 항상 일본의 투자교역의 중심지이자 안전보장의 방파제였다. 일본이 경제와 안보의 양면에서 안정과 번영을 누린 데는 한국의 발전이 큰 기여를 했다고 볼 수 있다.

　한국과 일본은 국교정상화 50년 동안 민주주의, 시장경제, 법치주의, 인권옹호, 환경보호, 평화공영 등의 글로벌한 가치를 존중하고 실행하는 동질적 국가를 건설했다. 일본의 저명한 한반도 전문가인 오코노기 마사오小此木正男 게이오대학 명예교수는 한국과 일본의 이런 성취를 '쌍둥이 국가'라고 표현했다. 한국과 일본이 절차탁마切磋琢磨하면서 동질의 '쌍둥이 국가'를 만들어낸 것이야말로 국교정상화 50년의 가장 큰 업적이라고 평가할 수 있다.

　국교정상화 50년 동안 한국과 일본이 공생공영의 성과를 거두게 되자 한일관계에서도 새로운 변화가 나타났다. 곧 종래의 일방적인 종속과 의존 관계에서 벗어나 상대적인 자립과 경쟁의 관계로 바뀐 것이다. 그리하여 오랜 동안 한일관계에 멍에로 작용했던 식민지 대 제국의 수직적이거나 비대칭적 관계는 과거 속으로 사라지고 파트너 대 파트너로서의 수평적이거나 대칭적인 관계가 현실 속에 나타났다. 이것 또한 국교정상화 50년이 이루어낸 대단한 성취라고 평가하고 싶다.

　그런데 한국과 일본이 아무리 함께 발전하고 대등한 관계를 이룩했다 하더라도 한국과 일본의 격차와 상위相違는 엄연히 존재한다. 아직도 일본은 건실한 선진국이고 한국은 용약勇躍하는 중진국일 뿐이다. 일본의 육지면적은 한국의 4배고, 배타적 경제수역은 십여 배가 넘는다. 인구도 3배나 되고, 국내총생산은 5배 이상이다. 첨단 과학기술이나 사회 안전망, 문화예술이나 시민의식 등에서 일본은 한국보다 훨씬 앞선 강성대국强盛大國이다.

　그뿐만 아니라 한국과 일본은 확연히 다른 역사와 문화를 내재하고 있다. 그것이 지금도 양국 국민의 의식과 생활에 지대한 영향을 미치고 있다. 전문가의 눈에 한국과 일본이 아무리 '쌍둥이 형제' 또는 '쌍둥이 국가'처럼 보인다 하더라도 두 나라는 크고 작은 분야에서 아주 다른 요소를 가지고 있는 것 또한 엄연한 사실이다. 그리고 그러한 상위는 두 나라가 아무리 동질의 국가로 발전한다 하더라도 쉽게 같아지지 않을 것이다. 서로 다른 내셔널리즘의 근원이기 때문이다.

국교정상화 50년을 위와 같은 시각에서 총괄하면, 현재 한국과 일본이 겪고 있는 위기는 변화해온 상호위상과 상호관계를 정확히 파악하지 못하고 또 이에 적절히 대응하지 못함으로써 치르게 된 하나의 성장통成長痛이나 통과의례通過儀禮라고 볼 수도 있다. 따라서 한일관계의 위기를 극복하기 위해서는 무엇보다도 먼저 국교정상화 50년의 역사를 균형 잡힌 시각에서 제대로 평가하고, 그것을 통해 향후 50년의 미래를 함께 열어갈 지혜와 교훈을 얻는 작업을 시도해야 한다.

2) 평화공영을 향한 비전

(1) 과거사의 포괄적 해결

한국과 일본은 역사적 경위로 보거나 지정학적 위치로 보아 서로의 생존과 발전에 지대한 영향을 주고받은 사이였다. 과학기술의 발달로 인간·정보·물자의 왕래가 더욱 빈번해질 21세기에 한일관계는 더욱 밀접하고 강인해질 것이다. 더구나 한국이 남북통일을 이룩한다면, 한국과 일본은 거의 대등한 처지에서 동아시아의 평화와 번영을 선도하는 주도 세력이 될 것이다. 그런 상황에 대비하기 위해서라도 한국과 일본은 상호이해와 교류협력을 강화해나가야 한다. 이것은 한일관계의 역사가 증명하는 필연이자 의무다. 이에 대해 부연敷衍하는 것은 사족蛇足에 불과하므로 여기에서는 당면한 역사 문제의 극복에 대해서만 필자의 견해와 희망을 피력하는 데 그치겠다.

한국과 일본은 국교정상화 조약에 따라 과거사 처리, 곧 식민지 지배로 인한 피해에 대해 일정한 보상을 실시했다. 그렇지만 그 후에도 한국과 일본에서는 이에 불만을 품고 제대로 된 보상을 요구하는 소송과 운동이 그치지 않았다. 경중의 차이는 있지만, 일본군'위안부' 피해자, 징용 피해자, 사할린에 버려둔 한국인, 재한 원자폭탄 피폭자 문제 등은 아직도 한일 사이의 현안으로 남아 있다.

일본 정부는 식민지 지배로 인한 피해 보상은 국교정상화 조약을 이행함으로써 완전히 그리고 최종적으로 해결되었다는 입장을 고수해왔다. 그러면서도 인도적 견지에서 한국 정부와 협의하여 사안에 따라 보완 조처를 취해왔다. 한국 정부도 몇 차례 법률을 제정하여 추가 보상을 실시하는 등 자구노력을 계속해왔다. 그럼에도 한일 사이에 과거사 처리를 둘러싸고 갈등과 대립이 존재하는 것이 엄연한 현실이다. 그리고 이러한 갈등을 방치하면 한일관계 전반에 아주 좋지 않은 영향을 미친다는 것은 현재 직면한 한일관계의 위기만으로도 쉽게 짐작할 수 있다.

그렇다면 한국과 일본은 어떻게 대응해야 할 것인가? 우선 양국 정부는 갈등의 현실을 직시하여 과거사 처리가 다 끝났다고 뻗대거나 다음 세대가 해야 한다고 미뤄서는 안 된다. 지금 세대에서 해결하겠다는 의지를 가지고 실천에 옮겨야 한다. 그리고 양국 국민을 납득시키고 선도해야 한다. 한국과 일본은 충분하지는 않지만 함께 과거사를 처리해온 경험, 방법, 실적 등을 이미 많이 축적하고 있다. 축적된 경험과 성과에서 한계와 결함, 지혜와 교훈 등을 면밀히 점검하고 평가하면서 현재의 위기상황을 극복할 수 있는 방향과 방법을 찾아야 한다.

국교정상화 50년을 맞은 지금이야말로 한국과 일본은 양국뿐만 아니라 세계를 향해 과거사 처리의 미진한 부분을 보완하거나 포괄적으로 해결할 수 있는 방안을 제시하고 실행에 옮겨야 한다. 여기에는 독일이 만들어 운영하고 있는 '기억·책임·미래재단'을 참고할 수도 있다. 예를 들면 한국과 일본의 정부와 기업 등이 함께 자금을 출연하여 재단을 만든다. 그리고 재단을 함께 운영하면서 과거사와 관련된 모든 현안을 처리하고, 과거사에 대한 연구와 교육 및 기념 등의 사업을 실시한다. 이 재단의 이름은 '한일미래재단' 또는 '한일우호신뢰재단'이 좋을 것이다.

한국과 일본이 공동으로 재단을 설립하여 과거사 문제를 포괄적으로 해결하자는 필자의 제안은 전혀 새로운 것이 아니다. 한국과 일본은 이미 대화와 타협 그리고 출자와 용역 등을 통해 과거사 처리의 미진한 부분을 함께 보완해왔다. 종래에 실시해온 보완 조처의 규모와 범위를 민간 기업으로까지 확대하자는 것이 필자가 제안하는 재단의 취지고 골자다. 한국에서는 대일청구권자금을 활용하여 대기업으로 성장한 몇 개의 기업이 위와 같은 목적의 기금에 출연하겠다는 뜻을 밝힌 바 있다. 한국에서 식민지 시기와 그 이후에 큰돈을 번 일본의 기업이 이에 동참하면 과거사와 관련된 당사자가 모두 참여하는 훌륭한 공동사업이 될 것이다.

그렇지 않아도 한국에서는 일본 기업을 상대로 식민지 시기의 강제노동 등에 대한 손해배상청구소송이 진행 중에 있다. 그리고 일본의 최고재판소는 전후보상재판에서 일본군'위안부'의 경우에는 입법을 통한 조처, 강제동원의 경우에는 기업과의 화해를 권고한 바 있다. 따라서 한국과 일본의 정부, 국회, 기업 등이 과거사를 포괄적으로 해결하려는 의지를 보인다면 이러한 재단의 설립과 운영은 결코 불가능한 일이 아닐 것이다.

한국과 일본이 '한일미래재단' 또는 '한일우호신뢰재단'을 설립하여 식민지 지배와 관련된 모든 문제를 정리한다면 세계에서 처음 시도하는 획기적인 사례가 될 것이다. 한국과 일본이 서양 열강에 앞서 식민지 지배 청산에서 새로운 모범을 보이는 일이기 때문이다. 한국과 일본의 공동사업 그 자체가 세계의 역사를 다시 쓰는 위대한 시도임에 틀림없다.

독도는 현재 한국이 엄연히 주권을 행사하고 있는 영토다. 그렇기 때문에 일본이 영유권을 주장한다고 해서 그대로 실현될 가능성은 거의 없다. 따라서 한국은 앞장서서 독도 문제를 이슈로 만들 필요가 없다. 한국은 독도가 분쟁 지역으로 비화하지 않도록 신중하고 단호하게 관리하는 쪽이 낫다. 일본은 한국의 이러한 결의와 정책을 이해하고 용인해야 한다. 그게 바로 국교정상화 조약에 배어 있는 지혜이자 정신이다. 그 대신에 한국과 일본은 다른 분야에서 서로 이익을 극대화하는 방법을 찾아야 한다. 그리고 독도 문제가 양국 사이에서 다른 현안을 압도하는 큰 문제로 부상하지 않도록 관리해야 한다.

(2) 역사화해의 추진

한국과 일본이 '한일미래재단' 또는 '한일우호신뢰재단'을 통해 과거사를 포괄적으로 해결하게 되면, 이 재단의 설립과 동시에 역사화해를 선언하는 게 좋다. 역사화해는 여러 차원에서 이루어질 수 있지만 그 핵심은 역시 양국 정부가 역사인식과 과거사 처리 문제를 더 이상 정치외교의 쟁점으로 삼지 않겠다고 함께 천명하는 것이다. 이를 위해서는 사전에 양국 정부가 역사화해의 목표와 방법 등을 함께 만들고 그것의 실행과 점검을 보장해야 한다. '한일미래재단' 또는 '한일우호신뢰재단'의 설립은 역사화해의 상징이자 담보라고 볼 수 있다.

역사화해는 물론 양국 정상의 선언이나 재단의 설립으로 하루아침에 완전히 이루어지는 것은 아니다. 여기에는 양국 국민의 동의와 지지 및 참여가 필요하다. 그 과정에서 전진과 후퇴, 합의와 반발 등이 되풀이될 것이다. 그렇지만 한국과 일본은 지난 수십 년 동안 역사문제를 다뤄온 경험과 방법 등을 축적하고 있다. 그것에서 교훈과 지혜를 끌어내면 역사화해에 이르는 길은 그렇게 험난하지 않을 수도 있다.

역사화해를 위한 정지작업으로서 한국과 일본은 우선 당면한 역사갈등을 완화하는 작업을 추진해야 한다. 양국의 정치인·언론인 등 사회의 여론주도층은 역사갈등이 재발하지 않도록 언행에 충분히 주의를 기울이고, 역사갈등이 한일관계 전반에 나쁜 영향을 미치지 않도록 세심하게 관리해야 한다.

한국과 일본의 역사갈등을 질병에 비유한다면, 치유방법으로는 다음의 세 가지를 원용援用할 수 있다고 본다. 역사갈등의 증상에 따라 이들의 방법을 적절히 활용하면 역사화해라는 궁극의 목표도 의외로 빨리 달성할 수 있을 것이다.

첫째, 병인요법病因療法이다. 질병의 원인을 밝혀 병소病巢를 도려내는 등 근본적으로 치유하는 것처럼, 역사갈등의 원인이 되는 사안과 정면으로 씨름하는 것이다. 공동으로 자료를 발굴하고 연구함으로써 사실에 대한 이해를 공유하고 인식의 차이를 좁힌다. 그 성과를 바탕으로 서로 역사교육이나 역사교과서 기술을 개선하여 배타적 국수주의를 억제하고 개방적 역사의식을 함양한다.

둘째, 대증요법對症療法이다. 질병의 원인이 무엇인지 모르지만 환자가 고열에 시달리면 먼저 해열제 등을 복용하여 체온을 낮추는 것처럼, 복잡한 이유로 역사갈등이 고조된 상황에서는 상호 적대감정을 완화하는 조처를 취해야 한다. 정부와 학계 및 언론 등이 정확한 정보를 제공하고 상대방에 대한 혐오감을 완화시킨다. 민관民官의 다양한 대화를 통해 불신과 오해를 제거하고 이해와 신뢰의 분위기를 확대해나간다.

셋째, 생활요법生活療法이다. 평소 적절한 운동과 식사를 함으로써 질병에 걸리지 않도록 면역력을 기르고, 병이 들었을 때는 치유와 더불어 사회복귀를 위한 훈련을 하는 것처럼 양국 국민이 건전한 역사의식을 체득하여 편협한 국수주의에 빠지지 않도록 계도한다. 학교교육과 사회교육 등을 통해 균형 잡힌 역사인식과 보편적 가치관을 함양하여 한일이 공생공영共生共榮하는 태도를 기른다.

현재 한국과 일본의 역사갈등을 보면 정부 특히 지도자의 말과 행동이 대단히 중요하다는 것을 새삼스럽게 느낄 수 있다. 따라서 양국 정부는 함께 역사갈등에 대처해온 경위를 면밀히 검토하고 반성함으로써 무너진 신뢰를 회복해야 한다. 그 상징으로서 김대중 대통령과 오부치 게이조 총리가 합의하여 발표한 '한일 파트너십 공동선언'1998.10.8의 역사인식을 다시 한 번 확인하고 준수겠다는 의지를 표명하는 것도 좋을 것이다.

한국과 일본의 요즘 상황을 보면, 위와 같은 필자의 제안은 실현되기 어려울 것이라는 생각이 든다. 그렇지만 세상일은 궁즉명窮卽明이고 정반합正反合인 경우도 많다. 한국과 일본에서 공교롭게도 국가와 민족에 대한 소명의식召命意識이 강한 정치인이 집권했기 때문에 오히려 대국적·전략적 차원에서라도 역사화해로 나아가는 계기를 만들 수 있다. 독일과 프랑스의 역사화해도 사실은 양국 국민이 앞장선 것이 아니라 양국 지도자가 먼저 국익을 고려한 위에 대국적·전략적으로 판단하고 실행했기 때문에 가능한 일이었다.

한국과 일본은 서로 교류하고 협력함으로써 함께 이익을 확장시킬 수 있는 이웃이다. 밉다거나 싫다고 해서 이사 갈 수 있는 처지도 아니다. 그러므로 두 나라는 역사갈등을 완화하고 과거사 처리에 대한 불만을 해소하여 역사화해를 이룩하지 않으면 안 된다. 역사화해에 이르는 장정은 서로 타협과 양보가 수반되는 험난한 여정이다. 한국과 일본은 과거를 가지고 싸운다기보다는 미래를 함께 만들어간다는 신념과 목표를 가지고 역사화해를 추진해야 한다. 그러다 보면 어느새 미래가 과거를 정리해준 현실을 목도하게 될 것이다. 두 나라 정부와 국민의 단호한 의지와 결연한 행동을 기대한다.

한일회담 · 한일협정,
그 후의 한일관계

1 김종필·오히라 메모(1962. 11. 12, 도쿄) _ 116
2 이동원 외무부장관과 시이나 외무대신 간의 공동성명(1965. 2. 20, 서울) _ 118
3 대한민국과 일본국 간의 기본관계에 관한 조약(1965. 6. 22, 도쿄, 1965. 12. 18 발효) _ 121
4 대한민국과 일본국 간의 재산 및 청구권에 관한 문제의 해결과 경제협력에 관한 협정(1965. 6. 22, 도쿄, 1965. 12. 18 발효) _ 124
5 대한민국과 일본국 간의 일본국에 거주하는 대한민국 국민의 법적 지위와 대우에 관한 협정(1965. 6. 22, 도쿄, 1966. 1. 17 발효) _ 128
6 대한민국과 일본국 간의 어업에 관한 협정(1965. 6. 22, 도쿄, 1965. 12. 18 발효) _ 132
7 대한민국과 일본국 간의 문화재 및 문화협력에 관한 협정(1965. 6. 22, 도쿄, 1965. 12. 18 발효) _ 139
8 재일한국인 3세 이하 자손의 법적 지위에 관한 한·일 외무장관 간 합의각서(1991. 1. 10, 서울) _ 141

부록

한일관계 50년 주요 문서

문서의 뜻을 손상하지 않는 범위 안에서 현행 한글맞춤법 통일안에 따라 표기를 수정했음

9 21세기의 새로운 한·일 파트너십 공동선언(1998. 10. 8, 도쿄) _ 145
10 대한민국과 일본국 간의 어업에 관한 협정(1998. 11. 28, 가고시마, 1999. 1. 22 발효) _ 153
11 미야자와 관방장관 담화(1982. 8. 26, 도쿄) _ 170
12 오카와 문부대신 담화(1982. 11. 24, 도쿄) _ 172
13 고노 관방장관 담화 (1993. 8. 4, 도쿄) _ 174
14 무라야마 총리 담화 (1995. 8. 15, 도쿄) _ 176
15 고이즈미 총리 담화(2005. 8. 15, 도쿄) _ 179
16 간 총리 담화(2010. 8. 10, 도쿄) _ 181
17 일본군'위안부' 피해자 분들에게 보낸 총리의 사죄 서한 (1997~2001) _ 183
18 일조평양선언(2002. 9. 17, 평양) _ 185

1962. 11. 12, 도쿄

1. 김종필 · 오히라 메모

1962년 11월 12일에 개최된 김종필 중앙정보부장과 오히라 외상의 제2차 회담에서 일본 측이 작성한 메모[김종필 씨는 최근 인터뷰에서 이 문서가 진본이 아니라고 말했다(중앙일보, 2005. 5. 4). 그렇지만 이 문서의 골자는 김 씨의 증언과 거의 일치한다.]

1. 무상(無償)을
   Korea 측은 3.5억(O.A. 포함)
   Japan 측은 2.5억(O.A. 불포함)
   이것을 양자는 3억 달러(O.A. 포함)를 10년 기간, 단 기간을 앞당기는 조건으로(6~10년까지는 가능) 양국 수뇌에게 건의한다.
2. 유상(有償)을 (해외경제협력기금)
   Korea 측은 2.5억 달러(이자는 3부 이하, 7년 거치 20~30년)
   Japan 측은 1억 달러(이자는 3.5부, 5년 거치 20년)
   이것을 양자는 2억 달러, 10년 기간, 이자는 3.5부, 단 기간을 앞당기는 것이 가능한 조건(6~10년), 거치 7년, 20년으로 양쪽 최고 수뇌에게 건의한다.

3. 수출입은행에 대해
　　한국 측은 별개로 취급할 것을 희망
　　일본 측은 1억 달러 이상 프로젝트에 따라 신장(伸長)할 수 있다.
　　이것을 양자가 합의하여 국교정상화 이전이라 하더라도 곧바로 협력하도록 건의할 것을 양자 수뇌에게 건의함.

　　1962. 11. 24~11. 30 사이에 양측의 의견을 교환함.

1965. 2. 20, 서울

2. 이동원 외무부장관과 시이나 외무대신 간의 공동성명

1. 대한민국 이동원 외무부장관의 초청으로 일본국 시이나 에쓰사부로 외무대신은 1965년 2월 17일부터 20일까지 대한민국을 방문하였다. 양 외상은 동 기간 중 우호적인 분위기에서 3차에 걸쳐 회담하였다. 한편, 시이나 대신은 박정희 대통령, 이효상 국회의장, 정일권 국무총리 및 장기영 부총리를 예방하였다.

2. 양 외상은 현하 국제정세와 현재 진행 중인 한·일회담을 포함하는 공동 관심사에 관하여 의견을 교환하였다. 양 외상은, 한·일 양국이 아시아 및 기타 각 지역에서 정의, 자유, 번영에 입각한 영속적 평화를 유지하는 것이 공동 목적이며 한·일회담의 원만한 타결은 한·일 양국에 현저한 이익을 가져올 뿐만 아니라 전 자유진영의 이익에도 부합됨을 재확인하였다.

3. 이 장관은 과거 어떤 기간에 걸쳐 양국 간에 있었던 불행한 관계에서 연유하는 한국 국민의 대일 감정을 설명하였다. 시이나 대신은 이 장관의 설명에 유념하고 그와 같은 과거 관계에 대하여 유감의 뜻을 표명하였으며 깊이 반성하는 바라고 말하였다. 시이나 대신은 한·일회담을 성실히 진행함으로써 양국 간에 새로운 우호관계를

수립하는 것이 정의, 평등, 상호존중에 기초하는 양 자유국민의 공동번영에 크게 공헌할 것이라는 굳은 신념을 피력하였다.

4. 양 외상은 최근의 한·일회담 교섭 결과를 검토하였다. 양 외상은 공정타당한 기초 위에서 한·일회담을 조속히 그리고 원만히 타결하기 위하여 결단성 있는 최선의 노력을 경주하겠다는 강한 결의를 표명하였다.

5. 양 외상은 대한민국과 일본국 간의 기본관계에 관한 조약안이 금일 가조인된 데 대하여 만족의 뜻을 표시하였다. 양 외상은 이러한 가조인은 여러 현안의 전면타결을 위한 의의 깊은 일보 전진이라는 점에 의견을 같이하였다.

6. 양 외상은 재일한인의 법적 지위 및 처우 문제에 관한 현재의 토의가 성공적인 결실을 맺고 이로써 재일한인이 평화롭고 행복하고 안정된 생활을 영위할 수 있게 되기를 희망하였다. 또한 양 외상은 이 문제의 원만한 타결은 한·일 양 국민 간의 우호 관계를 증진하는 데 중요한 교량 역할을 하게 될 것이라는 견해를 표명하였다.

7. 양 외상은 양국 간의 어업문제가 합리적으로 해결되길 바란다는 의견을 표명하였으며 또한 그러한 해결은 양국 어민의 이익에 부합해야 한다는 점을 확인하였다. 양 외상은 어업문제의 적절한 해결책을 모색하기 위하여 가능한 한 조속히 통상회담이 개최되기를 희망하였다.

8. 양 외상은 양국 간의 건전하고 상호 이익이 되는 무역 관계를 유

지하는 것이 극히 중요하다는 점을 재확인하면서 양국 정부가 더욱 균형잡힌 기초 위에서 상호 간의 무역을 확대하기 위하여 긴밀히 협력하여야 한다는 것에 합의하였다. 이러한 사실을 염두에 두고 양 외상은 양국의 수출 능력의 증진에 대한 가능성 문제를 포함한 양국 간의 무역 관계를 토의하기 위하여 조속한 시일 내에 회담을 개최할 것에 합의하였다.

9. 시이나 대신은 이 장관이 일본을 방문하도록 정중히 초청하였다. 이 장관은 시이나 대신의 초청을 감사히 수락하고 가능한 한 속히 방일할 수 있게 되기를 바란다고 말하였다.

10. 양 외상은 금번의 회담이 매우 유익하였으며 양국 간의 여러 현안과 공동 관심사에 대한 상호 이해를 깊게 하였음을 인정하였다. 양 외상은 이 장관의 방일시에 있을 차기 회담에서 토의를 계속할 것에 합의하였다.

1965년 6월 22일 도쿄에서 서명
1965년 12월 18일 발효

3. 대한민국과 일본국 간의 기본관계에 관한 조약

대한민국과 일본국은,
양국 국민 관계의 역사적 배경과 선린 관계와 주권 상호 존중의 원칙에 입각한 양국 관계의 정상화에 대한 상호 희망을 고려하며,
양국의 상호 복지와 공통 이익을 증진하고 국제평화와 안전을 유지하는 데 양국이 국제연합헌장의 원칙에 합당하게 긴밀히 협력함이 중요하다는 것을 인정하며,
또한 1951년 9월 8일 샌프란시스코 시에서 서명된 일본국과의 평화조약의 관계규정과 1948년 12월 12일 국제연합총회에서 채택된 결의 제195(Ⅲ)호를 상기하며,
본 기본관계에 관한 조약을 체결하기로 결정하여, 이에 다음과 같이 양국의 전권위원을 임명하였다.

대한민국	일본국
대한민국 외무부장관 이동원	일본국 외무대신 시이나 에쓰사부로
대한민국 특명전권대사 김동조	다카스기 신이치

이들 전권위원은 그들의 전권 위임장을 상호 제시하고, 그것이 양호 타당하다고 인정한 후 다음의 제 조항에 합의하였다.

제 1 조

양 체약 당사국 간에 외교 및 영사관계를 수립한다. 양 체약 당사국은 대사급 외교사절을 지체없이 교환한다. 양 체약 당사국은 또한 양국 정부에 의하여 합의되는 장소에 영사관을 설치한다.

제 2 조

1910년 8월 22일 및 그 이전에 대한제국과 대일본제국 간에 체결된 모든 조약 및 협정이 이미 무효임을 확인한다.

제 3 조

대한민국 정부가 국제연합총회의 제195(Ⅲ)호에 명시된 바와 같이, 한반도에서의 유일한 합법 정부임을 확인한다.

제 4 조

(가) 양 체약 당사국은 양국 상호 간의 관계에서 국제연합헌장의 원칙을 지침으로 한다.

(나) 양 체약 당사국은 양국의 상호의 복지와 공통의 이익을 증진함에 있어서 국제연합헌장의 원칙에 합당하게 협력한다.

제 5 조

양 체약 당사국은 양국의 무역, 해운 및 기타 통상상의 관계를 안정되고 우호적인 기초 위에 두기 위하여 조약 또는 협정을 체결하기 위한 교섭을 실행 가능한 한 조속히 시작한다.

제 6 조

양 체약 당사국은 민간 항공운수에 관한 협정을 체결하기 위하여 실행 가능한 한 조속히 교섭을 시작한다.

제 7 조
본 조약은 비준되어야 한다. 비준서는 가능한 한 조속히 서울에서 교환한다. 본 조약은 비준서가 교환된 날로부터 효력을 발생한다.

이상의 증거로서, 각 전권위원은 본 조약에 서명 날인하였다.
1965년 6월 22일 도쿄에서, 동등히 정본인 한국어, 일본어 및 영어로 본서 2통을 작성하였다. 해석에 상위가 있을 경우에는 영어본에 따른다.

대한민국을 위하여   일본국을 위하여
이 동 원   시이나 에쓰사부로
김 동 조   다카스기 신이치

> 1965년 6월 22일 도쿄에서 서명
> 1965년 12월 18일 발효

4. 대한민국과 일본국 간의 재산 및 청구권에 관한 문제의 해결과 경제협력에 관한 협정

대한민국과 일본국은,
양국 및 양국 국민의 재산과 양국 및 양국 국민 간의 청구권에 관한 문제를 해결할 것을 희망하고, 양국 간의 경제협력을 증진할 것을 희망하여 다음과 같이 합의하였다.

제 1 조

1. 일본국은 대한민국에 대하여
(a) 현재에 있어서 1천 8십억 일본 원(108,000,000,000원)으로 환산되는 3억 아메리카 합중국 불($300,000,000)과 동등한 일본 원의 가치를 가지는 일본국의 생산물 및 일본인의 용역을 본 협정의 효력발생일로부터 10년 기간에 걸쳐 무상으로 제공한다. 매년의 생산물 및 용역의 제공은 현재에 있어서 1백 8억 일본 원(10,800,000,000원)으로 환산되는 3천만 아메리카합중국 불($30,000,000)과 동등한 일본 원의 액수를 한도로 하고 매년의 제공이 본 액수에 미달되었을 때에는 그 잔액은 차년 이후의 제공액에 가산된다. 단, 매년의 제공한도액은 양 체약국 정부의 합의에 의하여 증액될 수 있다.
(b) 현재에 있어서 7백 20억 일본 원(72,000,000,000원)으로 환산되

는 2억 아메리카 합중국 불($200,000,000)과 동등한 일본 원의 액수에 달하기까지의 장기 저리의 차관으로서, 대한민국 정부가 요청하고 또한 3의 규정에 근거하여 체결될 약정에 의하여 결정되는 사업의 실시에 필요한 일본국의 생산물 및 일본인의 용역을 대한민국이 조달하는 데 충당될 차관을 본 협정의 효력 발생일로부터 10년 기간에 걸쳐 행한다. 본 차관은 일본국의 해외경제협력기금에 의하여 행하여지는 것으로 하고, 일본국 정부는 동 기금이 본 차관을 매년 균등하게 이행할 수 있는데 필요한 자금을 확보할 수 있도록 필요한 조치를 취한다. 전기 제공 및 차관은 대한민국의 경제발전에 유익한 것이 아니면 안된다.
2. 양 체약국 정부는 본조의 규정의 실시에 관한 사항에 대하여 권고를 행할 권한을 가지는 양 정부 간의 협의기관으로서 양 정부의 대표자로 구성될 합동위원회를 설치한다.
3. 양 체약국 정부는 본조의 규정의 실시를 위하여 필요한 약정을 체결한다.

제 2 조

1. 양 체약국은 양 체약국 및 그 국민(법인을 포함함)의 재산, 권리 및 이익과 양 체약국 및 그 국민 간의 청구권에 관한 문제가 1951년 9월 8일에 샌프란시스코 시에서 서명된 일본국과의 평화조약 제4조 (a)에 규정된 것을 포함하여 완전히 그리고 최종적으로 해결된 것이 된다는 것을 확인한다.
2. 본조의 규정은 다음의 것(본 협정의 서명일까지 각기 체약국이 취한 특별조치의 대상이 된 것을 제외한다)에 영향을 미치는 것이 아니다.

(a) 일방체약국의 국민으로서 1947년 8월 15일부터 본 협정의 서명일까지 사이에 타방체약국에 거주한 일이 있는 사람의 재산, 권리 및 이익

(b) 일방체약국 및 그 국민의 재산, 권리 및 이익으로서 1945년 8월 15일 이후에서의 통상의 접촉 과정에서 취득되었고 또는 타방체약국의 관할하에 들어오게 된 것

3. 2의 규정에 따르는 것을 조건으로 하여 일방체약국 및 그 국민의 재산, 권리 및 이익으로서 본 협정의 서명일에 타방체약국의 관할하에 있는 것에 대한 조치와 일방체약국 및 그 국민의 타방체약국 및 그 국민에 대한 모든 청구권으로서 동일자 이전에 발생한 사유에 기인하는 것에 관하여는 어떠한 주장도 할 수 없는 것으로 한다.

제 3 조

1. 본 협정의 해석 및 실시에 관한 양 체약국 간의 분쟁은 우선 외교상의 경로를 통하여 해결한다.
2. 1의 규정에 의하여 해결할 수 없었던 분쟁은 어느 일방체약국의 정부가 타방체약국의 정부로부터 분쟁의 중재를 요청하는 공한을 접수한 날로부터 30일의 기간 내에 각 체약국 정부가 임명하는 1인의 중재위원과 이와 같이 선정된 2인의 중재위원이 당해 기간 후의 30일의 기간 내에 합의하는 제3의 중재위원 또는 당해 기간 내에 이들 2인의 중재위원이 합의하는 제3국의 정부가 지명하는 제3의 중재위원과의 3인의 중재위원으로 구성되는 중재위원회에 결정을 위하여 회부한다. 단, 제3의 중재위원은 양 체약국 중의 어느 편의 국민이어서는 아니된다.
3. 어느 일방체약국의 정부가 당해 기간 내에 중재위원을 임명하지 아

니하였을 때, 또는 제3의 중재위원 또는 제3국에 대하여 당해 기간 내에 합의하지 못하였을 때에는 중재위원회는 양 체약국 정부가 각각 30일의 기간 내에 선정하는 국가의 정부가 지명하는 각 1인의 중재위원과 이들 정부가 협의에 의하여 결정하는 제3국의 정부가 지명하는 제3의 중재위원으로 구성한다.
4. 양 체약국 정부는 본조의 규정에 의거한 중재위원회의 결정에 따른다.

제 4 조

본 협정은 비준되어야 한다. 비준서는 가능한 한 조속히 서울에서 교환한다. 본 협정은 비준서가 교환된 날로부터 효력을 발생한다.

이상의 증거로서, 하기 대표는 각자의 정부로부터 정당한 위임을 받아 본 협정에 서명하였다.
1965년 6월 22일 도쿄에서 동등히 정본인 한국어 및 일본어로 본서 2통을 작성하였다.

                    대한민국을 위하여   일본국을 위하여
                          이 동 원   시이나 에쓰사부로
                          김 동 조   다카스기 신이치

> 1965년 6월 22일 도쿄에서 서명
> 1966년 1월 17일 발효

5. 대한민국과 일본국 간의 일본국에 거주하는 대한민국 국민의 법적 지위와 대우에 관한 협정

대한민국과 일본국은, 다년간 일본국에 거주하고 있는 대한민국 국민이 일본국의 사회와 특별한 관계를 가지게 되었음을 고려하고, 이들 대한민국 국민이 일본국의 사회 질서하에서 안정된 생활을 영위할 수 있게 하는 것이 양국 간 및 양국 국민 간의 우호관계 증진에 기여함을 인정하여 다음과 같이 합의하였다.

제 1 조

1. 일본국 정부는 다음의 어느 하나에 해당하는 대한민국 국민이 본 협정의 실시를 위하여 일본국 정부가 정하는 절차에 따라 본 협정의 효력 발생일로부터 5년 이내에 영주 허가의 신청을 하였을 때에는 일본국에서의 영주를 허가한다.
(a) 1945년 8월 15일 이전부터 신청시까지 계속하여 일본국에 거주하고 있는 자
(b) (a)에 해당하는 자의 직계 비속으로서 1945년 8월 16일 이후 본 협정의 효력 발생일로부터 5년 이내에 일본국에서 출생하고, 그 후 신청시까지 계속하여 일본국에 거주하고 있는 자
2. 일본국 정부는, 1의 규정에 의거하여 일본국에서의 영주가 허가되어 있는 자의 자녀로서 본 협정의 효력 발생일로부터 5년이 경과한

후에 일본국에서 출생한 대한민국 국민이, 본 협정의 실시를 위하여 일본국 정부가 정하는 절차에 따라 그의 출생일로부터 60일 이내에 영주 허가의 신청을 하였을 때에는 일본국에서의 영주를 허가한다.
3. 1(b)에 해당하는 자로서 본 협정의 효력 발생일로부터 4년 10개월이 경과한 후에 출생하는 자의 영주 허가의 신청 기한은 1의 규정에 불구하고 그의 출생일로부터 60일 이내로 한다.
4. 전기의 신청 및 허가에 대하여는 수수료는 징수되지 아니한다.

제 2 조

1. 일본국 정부는, 제1조의 규정에 의거하여 일본국에서의 영주가 허가되어 있는 자의 직계 비속으로서 일본국에서 출생한 대한민국 국민의 일본국에서의 거주에 관하여는, 대한민국 정부의 요청이 있으면, 본 협정의 효력 발생일로부터 25년이 경과할 때까지는 협의를 행함에 동의한다.
2. 1의 협의에 있어서 본 협정의 기초가 되고 있는 정신과 목적을 존중한다.

제 3 조

제1조의 규정에 의거하여 일본국에서 영주가 허가되어 있는 대한민국 국민은, 본 협정의 효력 발생일 이후의 행위에 의하여 다음의 어느 하나에 해당되는 경우를 제외하고는 일본국으로부터의 퇴거를 강제당하지 아니한다.
(a) 일본국에서 내란에 관한 죄 또는 외환에 관한 죄로 인하여 금고 이상의 형에 처하여진 자(집행유예의 언도를 받은 자 및 내란에 부화

수행한 것으로 인하여 형에 처하여진 자를 제외한다)
(b) 일본국에서 국교에 관한 죄로 인하여 금고 이상의 형에 처하여진 자, 또는 외국의 원수, 외교사절 또는 그 공관에 대한 범죄 행위로 인하여 금고 이상의 형에 처하여지고 일본국의 외교상의 중대한 이익을 해한 자
(c) 영리의 목적으로 마약류의 취체(取締)에 관한 일본국의 법령에 위반하여 무기 또는 3년 이상의 징역 또는 금고에 처하여진 자(집행유예의 언도를 받은 자를 제외한다), 또는 마약류의 취체에 관한 일본국의 법령에 위반하여 3회(단, 본 협정의 효력 발생일 전의 행위에 의하여 3회 이상 형에 처하여진 자에 대하여는 2회) 이상 형에 처하여진 자
(d) 일본국의 법령에 위반하여 무기 또는 7년을 초과하는 징역 또는 금고에 처하여진 자

제 4 조

일본국 정부는 다음에 열거한 사항에 관하여 타당한 고려를 하는 것으로 한다.
(a) 제1조의 규정에 의거하여 일본국에서 영주가 허가되어 있는 대한민국 국민에 대한 일본국에서의 교육, 생활보호 및 국민건강보험에 관한 사항
(b) 제1조의 규정에 의거하여 일본국에서 영주가 허가되어 있는 대한민국 국민(동조의 규정에 따라 영주 허가의 신청을 할 자격을 가지고 있는 자를 포함함)이 일본국에서 영주할 의사를 포기하고 대한민국으로 귀국하는 경우의 재산의 휴행(携行) 및 자금의 대한민국에의 송금에 관한 사항

제 5 조

제1조의 규정에 의거하여 일본국에서의 영주가 허가되어 있는 대한민국 국민은 출입국 및 거주를 포함하는 모든 사항에 관하여 본 협정에서 특히 정하는 경우를 제외하고 모든 외국인에게 동등히 적용되는 일본국의 법령의 적용을 받는 것이 확인된다.

제 6 조

본 협정은 비준되어야 한다. 비준서는 가능한 한 조속히 서울에서 교환한다. 본 협정은 비준서가 교환된 날로부터 30일 후에 효력을 발생한다.

이상의 증거로서, 하기 대표는 각자의 정부로부터 정당한 위임을 받아 본 협정에 서명하였다.
1965년 6월 22일 도쿄에서 동등히 정본인 한국어 및 일본어로 본서 2통을 작성하였다.

대한민국을 위하여   일본국을 위하여
이 동 원   시이나 에쓰사부로
김 동 조   다카스기 신이치

> 1965년 6월 22일 도쿄에서 서명
> 1965년 12월 18일 발효

6. 대한민국과 일본국 간의 어업에 관한 협정

대한민국 및 일본국은,
양국이 공통의 관심을 갖는 수역에서 어업자원의 최대의 지속적 생산성이 유지되어야 함을 희망하고,
전기의 자원의 보존 및 그 합리적 개발과 발전을 도모함이 양국의 이익에 도움이 됨을 확신하고,
공해 자유의 원칙이 본 협정에 특별한 규정이 있는 경우를 제외하고는 존중되어야 한다는 것을 확인하고,
양국의 지리적 근접성과 양국 어업상의 교착으로부터 발생할 수 있는 분쟁의 원인을 제거하는 것이 요망됨을 인정하고,
양국 어업의 발전을 위하여 상호 협력할 것을 희망하여,
다음과 같이 합의하였다.

제 1 조

1. 양 체약국은 각 체약국이 자국 연안의 기선부터 측정하여 12해리까지의 수역을 자국이 어업에 관하여 배타적 관할권을 행사하는 수역(이하 "어업에 관한 수역"이라 함)으로서 설정하는 권리를 가짐을 상호 인정한다. 단, 일방체약국이 어업에 관한 수역의 설정에 서 직선기선을 사용하는 경우에는 그 직선기선은 타방체약국과 협의

하여 결정한다.
2. 양 체약국은 일방체약국이 자국의 어업에 관한 수역에서 타방체약국의 어선이 어업에 종사하는 것을 배제하는 데 대하여 상호 이의를 제기하지 아니한다.
3. 양 체약국의 어업에 관한 수역이 중복하는 부분에 대하여는, 그 부분의 최대의 폭을 나타내는 직선을 이등분하는 점과 그 중복하는 부분이 끝나는 2점을 각각 연결하는 직선에 의하여 양분한다.

제 2 조
양 체약국은 다음 각선으로 둘러싸이는 수역(영해 및 대한민국의 어업에 관한 수역을 제외함)을 공동규제수역으로 설정한다.
(a) 북위 37도 30분 이북의 동경 124도의 경선
(b) 다음 각 점을 차례로 연결하는 선
　(i) 북위 37도 30분과 동경 124도의 교점
　(ii) 북위 36도 45분과 동경 124도 30분의 교점
　(iii) 북위 33도 30분과 동경 124도 30분의 교점
　(iv) 북위 32도 30분과 동경 126도의 교점
　(v) 북위 32도 30분과 동경 127도의 교점
　(vi) 북위 34도 34분 30초와 동경 129도 2분 50초의 교점
　(vii) 북위 34도 44분 10초와 동경 129도 8분의 교점
　(viii) 북위 34도 50분과 동경 129도 14분의 교점
　(ix) 북위 35도 30분과 동경 130도의 교점
　(x) 북위 37도 30분과 동경 131도 10분의 교점
　(xi) 우암령 고정

제 3 조

양 체약국은 공동규제수역에서, 어업자원의 최대의 지속적 생산성을 확보하기 위하여 필요한 보존조치가 충분한 과학적 조사에 의거하여 실시될 때까지 저인망어업, 선망어업 및 60톤 이상의 어선에 의한 고등어 낚시 어업에 대하여, 본 협정의 불가분의 일부를 이루는 부속서에 규정한 잠정적 어업 규제 조치를 실시한다("톤"이라 함은 총 톤수에 의하는 것으로 하며 선내 거주구 개선을 위한 허용 톤수를 감한 톤수에 의하여 표시함).

제 4 조

1. 어업에 관한 수역의 외측에서의 단속(정선 및 임검을 포함함) 및 재판 관할권은 어선이 속하는 체약국만이 행하며, 또한 행사한다.
2. 어느 체약국도 그 국민 및 어선이 잠정적 어업 규제 조치를 성실하게 준수하도록 함을 확보하기 위하여 적절한 지도 및 감독을 행하며, 위반에 대한 적당한 벌칙을 포함하는 국내조치를 실시한다.

제 5 조

공동규제수역의 외측에 공동자원조사수역이 설정된다. 그 수역의 범위 및 동수역 안에서 행하여지는 조사에 대하여는, 제6조에 규정되는 어업공동위원회가 행할 권고에 의거하여, 양 체약국 간의 협의에 따라 결정된다.

제 6 조

1. 양 체약국은 본 협정의 목적을 달성하기 위하여 한일어업공동위원회(이하 "위원회"라고 함)를 설치하고 유지한다.

2. 위원회는 두 개의 국별 위원부로 구성되며 각 국별 위원부는 각 체약국 정부가 임명하는 3인의 위원으로 구성한다.
3. 위원회의 모든 결의, 권고 및 기타의 결정은 국별 위원부 간의 합의에 의하여서만 행한다.
4. 위원회는 그 회의의 운영에 관한 규칙을 결정하고 필요가 있을 때에는 이를 수정할 수 있다.
5. 위원회는 매년 적어도 1회 회합하고 또 그 외에 일방의 국별 위원부의 요청에 의하여 회합할 수 있다. 제1회 회의의 일자 및 장소는 양 체약국 간의 합의로 결정한다.
6. 위원회는 제1회 회의에서 의장 및 부의장을 상이한 국별 위원부에서 선정한다. 의장 및 부의장의 임기는 1년으로 한다. 국별 위원부로부터의 의장 및 부의장의 선정은 매년 각 체약국이 그 지위에 순번으로 대표되도록 한다.
7. 위원회 밑에 그 사무를 수행하기 위한 상설 사무국이 설치된다.
8. 위원회의 공용어는 한국어 및 일본어로 한다. 제안 및 자료는 어느 공용어로도 제출할 수 있으며, 또한 필요에 따라 영어로도 제출할 수 있다.
9. 위원회가 공동의 경비를 필요하다고 인정할 때에는 위원회가 권고하고 또한 양 체약국이 승인한 형식 및 비율에 따라 양 체약국이 부담하는 분담금에 의하여 위원회가 지불한다.
10. 위원회는 공동 경비를 위한 자금의 지출을 위임할 수 있다.

제 7 조

1. 위원회는 다음 임무를 수행한다.
(a) 양 체약국이 공통의 관심을 갖는 수역에서의 어업자원의 연구를

위하여 행하는 과학적 조사에 대하여, 또한 그 조사와 연구의 결과에 의거하여 취할 공동 규제수역 안에서의 규제조치에 대하여 양 체약국에 권고한다.
(b) 공동자원 조사수역의 범위에 대하여 양 체약국에 권고한다.
(c) 필요에 따라 잠정적 어업 규제조치에 관한 사항에 대하여 검토하고, 또한 그 결과에 의거하여 취할 조치(당해 규제조치의 수정을 포함함)에 대하여 양 체약국에 권고한다.
(d) 양 체약국 어선 간의 조업의 안전과 질서에 관한 필요한 사항 및 해상에서의 양 체약국 어선 간의 사고에 대한 일반적인 취급방침에 대하여 검토하고 또한 그 결과에 의거하여 취할 조치에 대하여 양 체약국에 권고한다.
(e) 위원회의 요청에 의하여 양 체약국이 제공하여야 할 자료, 통계 및 기록을 편집하고 연구한다.
(f) 본 협정의 위반에 관한 동등한 형의 세목 제정에 대하여 심의하고 또한 양 체약국에 권고한다.
(g) 매년 위원회의 사업보고를 양 체약국에 제출한다.
(h) 이외에 본 협정의 실시에 따르는 기술적인 여러 문제에 대하여 검토하고 또한 필요하다고 인정할 때에는 취할 조치에 대하여 양 체약국에 권고한다.
2. 위원회는 그 임무를 수행하기 위하여 필요에 따라 전문가로 구성되는 하부 기구를 설치할 수 있다.
3. 양 체약국 정부는 1의 규정에 의거하여 행하여진 위원회의 권고를 가능한 한 존중한다.

제 8 조

1. 양 체약국은 각각 자국의 국민 및 어선에 대하여 항행에 관한 국제관행을 준수시키기 위하여 양 체약국 어선 간의 조업의 안전을 도모하고 그 정상적인 질서를 유지하기 위하여, 또한 해상에서의 양 체약국 어선 간의 사고의 원활하고 신속한 해결을 도모하기 위하여 적절하다고 인정하는 조치를 취한다.
2. 1에 열거한 목적을 위하여 양 체약국의 관계당국은 가능한 한 상호 밀접하게 연락하고 협력한다.

제 9 조

1. 본 협정의 해석 및 실시에 관한 양 체약국 간의 분쟁은 우선 외교상의 경로를 통하여 해결한다.
2. 1의 규정에 의하여 해결할 수 없었던 분쟁은 어느 일방체약국의 정부가 타방체약국의 정부로부터 분쟁의 중재를 요청하는 공한을 접수한 날로부터 30일의 기간 내에 각 체약국 정부가 임명하는 1인의 중재위원과 이와 같이 선정된 2인의 중재위원이 당해 기간 후 30일의 기간 내에 합의하는 제3의 중재위원 또는 당해 기간 내에 이들 2인의 중재위원이 합의하는 제3국의 정부가 지명하는 제3의 중재위원과의 3인의 중재위원으로 구성되는 중재위원회에 결정을 위하여 회부한다. 단, 제3의 중재위원은 양 체약국 중의 어느 편의 국민이어서는 아니된다.
3. 어느 일방체약국의 정부가 당해 기간 내에 중재위원을 임명하지 아니하였을 때, 또는 제3의 중재위원 또는 제3국에 대하여 당해 기간 내에 합의하지 못하였을 때에는 중재위원회는 양 체약국 정부가 각각 30일의 기간 내에 선정하는 국가의 정부가 지명하는 각 1인의

중재위원과 이들 정부가 협의에 의하여 결정하는 제3국의 정부가 지명하는 제3의 중재위원으로 구성한다.
4. 양 체약국 정부는 본조의 규정에 의거한 중재위원회의 결정에 복한다.

제 10 조

1. 본 협정은 비준되어야 한다. 비준서는 가능한 한 조속히 서울에서 교환한다. 본 협정은 비준서가 교환된 날로부터 효력을 발생한다.
2. 본 협정은 5년간 효력을 가지며, 그 후에는 어느 일방체약국이 타방체약국에 본 협정을 종결시킬 의사를 통고하는 날로부터 1년간 효력을 가진다.

이상의 증거로서, 하기 대표는 각자의 정부로부터 정당한 위임을 받아 본 협정에 서명하였다.
1965년 6월 22일 도쿄에서 동등히 정본인 한국어 및 일본어로 본서 2통을 작성하였다.

       대한민국을 위하여 일본국을 위하여
         이 동 원   시이나 에쓰사부로
         김 동 조   다카스기 신이치

> 1965년 6월 22일 도쿄에서 서명
> 1965년 12월 18일 발효

7. 대한민국과 일본국 간의 문화재 및 문화협력에 관한 협정

대한민국과 일본국은,
양국 문화의 역사적인 관계에 비추어,
양국의 학술 및 문화의 발전과 연구에 기여할 것을 희망하여,
다음과 같이 합의하였다.

제 1 조
대한민국 정부와 일본국 정부는 양국 국민 간의 문화 관계를 증진시키기 위하여 가능한 한 협력한다.

제 2 조
일본국 정부는 부속서에 열거한 문화재를 양국 정부 간에 합의되는 절차에 따라 본 협정 효력 발생 후 6개월 이내에 대한민국 정부에 인도한다.

제 3 조
대한민국 정부와 일본국 정부는 각각 자국의 미술관, 박물관, 도서관 및 기타 학술문화에 관한 시설이 보유하는 문화재에 대하여 타방국의 국민에게 연구의 기회를 부여하기 위하여 가능한 한 편의를 제공한다.

제 4 조

본 협정은 비준되어야 한다. 비준서는 가능한 한 조속히 서울에서 교환한다. 본 협정은 비준서가 교환된 날로부터 효력을 발생한다.

이상의 증거로서 하기 대표는 각자의 정부로부터 정당한 위임을 받아 본 협정에 서명하였다.
1965년 6월 22일 도쿄에서 동등히 정본인 한국어 및 일본어로 본서 2통을 작성하였다.

<table>
<tr><td>대한민국을 위하여</td><td>일본국을 위하여</td></tr>
<tr><td>이 동 원</td><td>시이나 에쓰사부로</td></tr>
<tr><td>김 동 조</td><td>다카스기 신이치</td></tr>
</table>

1991.1.10, 서울

8. 재일한국인 3세 이하 자손의 법적 지위에 관한 한·일 외무장관 간 합의각서

대한민국 정부 및 일본국 정부는 1965년 6월 22일 도쿄에서 서명된 "일본국에 거주하는 대한민국 국민의 법적 지위와 대우에 관한 대한민국과 일본국 간의 협정"(이하 "법적 지위협정"으로 칭함) 제2조 1의 규정에 의거하여, 법적 지위협정 제1조의 규정에 따라 일본국에의 영주가 허가되어 있는 자(이하 "재일한국인 1세 및 2세"로 칭함)의 직계비속으로서 일본국에서의 거주에 관하여, 1988년 12월 23일 제1차 공식협의 이래 여러 차례에 걸쳐 협의를 거듭하여 왔다.

또한 대한민국 정부는 1990년 5월 24일에 노태우 대통령과 가이후 도시키 총리대신 간에 개최되었던 정상회담 등 여러 번의 기회를 통하여 1990년 4월 30일의 한·일 정기 외무장관회담시 일본국 정부가 밝힌 "대처방침"(이하 "1990년 4월 30일 대처방침"으로 칭함)에 표명된 재일한국인 3세 이하의 자손에 관한 해결의 방향성을 재일한국인 1세 및 2세에 대하여도 적용할 것을 요망하였는바, 일본국 정부는 제15회 한·일 정기 각료회의 등의 기회에서 그러한 요망에 대하여도 적절한 대응을 행할 것을 표명하였다.

1991년 1월 9일 및 10일의 가이후 도시키 일본국 내각총리대신의 대한민국 방문에 즈음하여 일본 측은 재일한국인이 가진 역사적 경위 및 정주성을 고려하여, 이들 재일한국인이 일본국에서 보다 안정된 생활을 영위할 수 있도록 하는 것이 중요하다는 인식에 입각하여, 지금까지의 합의 결과를 토대로 일본국 정부로서 금후 본건에 관하여 하기 방침으로 대처한다는 뜻을 표명하였다. 또한 쌍방은 이로서 법적지위협정 제2조 1의 규정에 의거한 협의를 종료시키며, 금후 본 협의의 개시와 함께 개최가 연기되어 온 양국 외교당국 간 국장 수준의 협의를 연 1회 정도를 목표로 재개하여, 재일한국인의 법적 지위 및 대우에 관하여 양국 정부 간에 협의하여야 할 사항이 있는 경우, 동 협의 기회에서 제기할 것을 확인하였다.

1. 입관법 관계의 각 사항에 관하여는 1990년 4월 30일의 대처방침을 토대로 재일한국인 3세 이하의 자손에 대하여 일본국 정부로서 다음 조치를 취하기 위하여 필요한 개정법안을 금번 통상국회에 제출하도록 최대한 노력한다. 이 경우, (2) 및 (3)에 관하여는, 재일한국인 1세 및 2세에 대하여도 재일한국인 3세 이하 자손과 같은 조치를 강구하기로 한다.

    (1) 간소화된 절차로, 기속적으로 영주를 인정한다.
    (2) 퇴거강제 사유는 내란, 외환의 죄, 국교, 외교상의 이익에 관한 죄 및 이에 준하는 중대한 범죄에 한정한다.
    (3) 재입국허가에 대하여는 출국기간을 최대한 5년으로 한다.

2. 외국인등록법 관계의 각 사항에 관하여는, 1990년 4월 30일의 대처방침에 의거하여 다음의 조치를 취하기로 한다.

(1) 지문날인에 관하여는, 지문날인에 대신하는 수단을 가능한 한 조기에 개발하며, 이에 의하여 재일한국인 3세 이하의 자손은 물론, 재일한국인 1세 및 2세에 관하여도 지문날인을 행하지 아니하기로 한다. 이를 위하여 금후 2년 이내에 지문날인에 대신하는 조치를 실시할 수 있도록 필요한 개정법안을 차기 통상국회에 제출하기 위하여 최대한 노력한다. 지문날인에 대신하는 수단으로서는 사진, 서명 및 외국인 등록에 가족사항을 가미하는 것을 중심으로 검토한다.

(2) 외국인등록증의 휴대제도에 관하여는, 운용의 방법도 포함하여 적절한 해결책에 관하여 계속 검토한다. 동 제도의 운용에 관하여는, 금후로도 재일한국인의 입장을 배려한 상식적이고 탄력적인 운용을 보다 철저하게 행하도록 노력한다.

3. 교육문제에 관하여는 다음의 방향으로 대처한다.

(1) 일본 사회에서 한국어 등 민족의 전통 및 문화를 보지(保持)하고 싶다는 재일한국인 사회의 희망을 이해하며, 현재 지방자치체의 판단에 의하여 학교의 과외로서 행하여지고 있는 한국어 및 한국문화 등의 학습이 금후에도 지장 없이 실시되도록 일본국 정부로서 배려한다.

(2) 일본인과 동등한 교육기회를 확보하기 위하여, 보호자에 대하여 취학안내를 발급하는 것에 관하여 전국적인 지도를 행하기로 한다.

4. 공립학교 교원에의 채용에 대하여는 그 길을 열어 일본인과 동일하

게 일반 교원 채용시험의 수험을 인정하도록 각 도도부현을 지도한
다. 이 경우 공무원 임용에 관한 국적에 의한 합리적 차이에 입각한
일본국 정부의 법적 견해를 전제로 하면서, 신분의 안정과 대우에
관하여도 배려한다.

5. 지방공무원 채용에 대하여는, 공무원 임용에 관한 국적에 의한 합리
적 차이에 입각한 일본국 정부의 법적 견해를 전제로 하면서, 채용기
회의 확대를 도모하도록 지방공공단체를 지도하여간다. 한편 지방자
치제 선거권에 대하여는, 대한민국 정부의 요망이 표명되었다.

        대한민국 외무부장관   일본국 외무대신
          이 상 옥   나카야마 다로

1998.10.8, 도쿄

9. 21세기의 새로운 한·일 파트너십 공동선언

1. 김대중 대한민국 대통령 내외분은 일본국 국빈으로서 1998년 10월 7일부터 10일까지 일본을 공식 방문하였다. 김대중 대통령은 체재 중 오부치 게이조 일본국 내각총리대신과 회담을 가졌다. 양국 정상은 과거의 양국관계를 돌이켜보고, 현재의 우호협력관계를 재확인하는 동시에 미래의 바람직한 양국관계에 관하여 의견을 교환하였다.
이 회담의 결과, 양국 정상은 1965년 국교정상화 이래 구축되어온 양국 간의 긴밀한 우호협력관계를 보다 높은 차원으로 발전시켜, 21세기의 새로운 한·일 파트너십을 구축한다는 공통의 결의를 선언하였다.

2. 양국 정상은 한·일 양국이 21세기의 확고한 선린 우호협력관계를 구축해나가기 위해서는 양국이 과거를 직시하고, 상호 이해와 신뢰에 기초한 관계를 발전시켜나가는 것이 중요하다는 데 의견의 일치를 보았다.
오부치 총리대신은 금세기의 한·일 양국관계를 돌이켜보고, 일본이 과거 한때 식민지 지배로 인하여 한국 국민에게 다대한 손해와 고통을 안겨주었다는 역사적 사실을 겸허히 받아들이면서, 이에 대하여 통절한 반성과 마음으로부터의 사죄를 하였다.

김대중 대통령은 이러한 오부치 총리대신의 역사인식 표명을 진지하게 받아들이고, 이를 평가하는 동시에, 양국이 과거의 불행한 역사를 극복하고 화해와 선린우호협력에 입각한 미래지향적인 관계를 발전시키기 위하여 서로 노력하는 것이 시대적 요청이라는 뜻을 표명하였다.

또한 양국 정상은 양국 국민, 특히 젊은 세대가 역사에 대한 인식을 심화시키는 것이 중요하다는 점에 대하여 견해를 함께하고, 이를 위하여 많은 관심과 노력을 기울일 필요가 있다는 점을 강조하였다.

3. 양국 정상은 과거 오랜 역사를 통하여 교류와 협력을 유지해온 한·일 양국이 1965년 국교정상화 이래 각 분야에서 긴밀한 우호협력 관계를 발전시켜왔으며, 이러한 협력관계가 서로의 발전에 기여하였다는 데 인식을 같이하였다.

오부치 총리대신은 한국이 국민들의 꾸준한 노력을 통하여 비약적인 발전과 민주화를 달성하고, 번영되고 성숙한 민주주의 국가로 성장한 데 대하여 경의를 표하였다. 김대중 대통령은 전후 일본이 평화헌법하에서 전수방위 및 비핵 3원칙을 비롯한 안전보장정책과 세계경제 및 개발도상국에 대한 경제지원 등을 통하여 국제사회의 평화와 번영을 위하여 수행해온 역할을 높이 평가하였다.

양국 정상은 한·일 양국이 자유민주주의, 시장경제라는 보편적 이념에 입각한 협력관계를 양국 국민 간의 광범위한 교류와 상호 이해에 기초하여 앞으로 더욱 발전시켜나간다는 결의를 표명하였다.

4. 양국 정상은 양국 간의 관계를 정치, 안전보장, 경제 및 인적·문화 교류 등 폭넓은 분야에서 균형되고 보다 높은 차원의 협력관계로 발전시켜나갈 필요가 있다는 데 의견을 같이하였다. 또한 양국 정상은 양국의 파트너십을 단순히 양자 차원에 그치지 않고 아시아·태평양 지역, 나아가 국제사회 전체의 평화와 번영을 위하여, 또한 개인의 인권이 존중되는 풍요한 생활과 살기 좋은 지구환경을 지향하는 다양한 노력을 통해 진전시켜나가는 것이 매우 중요하다는 데 의견의 일치를 보았다.

이를 위하여 양국 정상은 20세기의 한·일관계를 마무리하고, 진정한 상호 이해와 협력에 입각한 21세기의 새로운 한·일 파트너십을 공통의 목표로서 구축하고 발전시켜나가는데 있어서 다음과 같이 의견의 일치를 보았으며, 이러한 파트너십을 구체적으로 실천해나가기 위하여 이 공동선언에 부속된 행동계획을 작성하였다.

양국 정상은 양국 정부가 앞으로 양국의 외무장관을 책임자로 하여 정기적으로 이 한·일 파트너십에 기초한 협력의 진척상황을 확인하고, 필요에 따라 이를 더욱 강화해나가기로 하였다.

5. 양국 정상은 현재의 한·일관계를 보다 높은 차원으로 발전시켜나가기 위하여 양국 간의 협의와 대화를 더욱 촉진시켜나간다는 데 의견의 일치를 보았다.

양국 정상은 이러한 관점에서 정상 간의 지금까지의 긴밀한 상호 방문·협의를 유지·강화하고 정례화해나가기로 하는 동시에, 외무장관을 비롯한 각 분야의 각료급 협의를 더욱 강화해나가기로 하였다. 또한 양국 정상은 양국 간 각료간담회를 가능한 한 조기에 개최하여 정책 실시의 책임을 갖는 관계각료들의 자유로운 의견교환의 장을 설치키로 하였다. 아울러 양국 정상은 지금까지의 한 · 일 양국 국회의원 간 교류의 실적을 평가하고, 한 · 일/일 · 한의원연맹의 향후 활동 확충 방침을 환영하는 동시에, 21세기를 담당할 차세대의 소장의원 간의 교류를 장려해나가기로 하였다.

6. 양국 정상은 냉전 후의 세계에서 보다 평화롭고 안전한 국제사회 질서를 구축하기 위한 국제적 노력에 대하여 한 · 일 양국이 서로 협력하면서 적극적으로 참가해나가는 것이 중요하다는 데 의견의 일치를 보았다. 양국 정상은 21세기의 도전과 과제에 보다 효과적으로 대처해나가기 위해서는 국제연합의 역할이 강화되어야 하며, 이는 안전보장이사회의 기능 강화, 국제연합 사무국 조직의 효율화, 안정적인 재정기반의 확보, 국제연합 평화유지 활동의 강화, 개발도상국의 경제사회개발에 대한 협력 등을 통해 이룩할 수 있다는 데 대해 의견이 일치하였다.

이러한 점을 염두에 두고, 김대중 대통령은 국제연합을 비롯한 국제사회에 대한 일본의 기여와 역할을 평가하고, 금후 일본의 그와 같은 기여와 역할이 증대되는 데 대한 기대를 표명하였다.

또한 양국 정상은 군축 및 비확산의 중요성, 특히 어떠한 종류의 대량파괴무기일지라도 그 확산이 국제사회의 평화와 안전에 대한 위협이 된다는 것을 강조하는 동시에, 이러한 분야에서의 양국 간 협력을 더욱 강화하기로 하였다.

양국 정상은 양국 간의 안보정책협의회 및 각급 차원의 방위교류를 환영하고, 이를 더욱 강화해나가기로 하였다. 아울러 양국 정상은 양국이 각각 미국과의 안전보장체제를 견지하는 동시에, 아시아 · 태평양 지역의 평화와 안정을 위한 다자간 대화 노력을 더욱 강화해나가는 것이 중요하다는 데 의견의 일치를 보았다.

7. 양국 정상은 한반도의 평화와 안정을 위해서는 북한이 개혁과 개방을 지향하는 동시에, 대화를 통한 보다 건설적인 자세를 취하는 것이 매우 중요하다는 인식을 공유하였다. 오부치 총리대신은 확고한 안보체제를 유지하면서 화해와 협력을 적극적으로 추진한다는 김대중 대통령의 대북한정책에 대한 지지를 표명하였다. 이와 관련하여 양국 정상은 1992년 2월 발효된 '남북 사이의 화해와 불가침 및 교류·협력에 관한 합의서'의 이행과 4자회담의 순조로운 진전이 바람직하다는 데 의견을 같이하였다.

또한 양국 정상은 1994년 10월 미국과 북한 간에 서명된 '제네바 합의' 및 한반도 에너지 개발기구(KEDO)를 북한의 핵 계획 추진을 저지하기 위한 가장 현실적이고 효과적인 메커니즘으로서 유지해 가는 것이 중요하다는 것을 확인하였다. 이와 관련하여 양국 정상은 북한의 미사일 발사에 대하여, 국제연합 안전보장이사회 의장이 안보리를 대표하여 표명한 우려 및 유감의 뜻을 공유하는 동시에, 북한의 미사일 개발이 중지되지 않는다면, 한국, 일본 및 동북아시아 지역 전체의 평화와 안전에 악영향을 미친다는 데 의견을 같이하였다.

양국 정상은 양국이 북한에 관한 정책을 추진함에 있어서 상호 긴밀히 연대해나가는 것이 중요함을 재확인하고, 각급 차원에서의 정책협의를 강화하는 데 의견을 같이하였다.

8. 양국 정상은 자유롭고 개방된 국제경제체제를 유지·발전시키고, 또한 구조적 문제에 직면한 아시아 경제의 회복을 실현해나감에 있

어서 한·일 양국이 각각 안고 있는 경제적 과제를 극복하면서, 경제분야의 균형된 상호 협력관계를 보다 강화해나가는 것이 중요하다는 데 합의하였다. 이를 위하여 양국 정상은 양자 간의 경제정책 협의를 더욱 강화하는 동시에, WTO, OECD, APEC 등 다자무대에서의 양국 간 정책협조를 더욱 촉진해나간다는 데 의견을 같이하였다.

김대중 대통령은 금융, 투자, 기술이전 등 여러 분야에 걸친 지금까지의 일본의 대한국 경제지원을 평가하는 동시에, 한국이 안고 있는 경제적 문제의 해결을 위한 노력을 설명하였다. 오부치 총리대신은 일본의 경제회복을 위한 각종 시책 및 아시아의 경제난 극복을 위하여 일본이 시행하고 있는 경제적 지원에 관해 설명하는 한편, 한국의 경제난 극복을 위한 노력을 계속 지지한다는 의향을 표명하였다. 양국 정상은 재정 투융자를 적절히 활용한 일본 수출입은행의 대한국 융자에 관하여 기본적인 합의가 이루어진 것을 환영하였다.

양국 정상은 양국 간의 커다란 현안이었던 한·일 어업협정 교섭이 기본 합의에 도달한 것을 마음으로부터 환영하는 동시에, 국제연합 해양법 협약을 기초로 한 새로운 어업질서하에 어업분야에서의 양국 관계의 원활한 진전에 대한 기대를 표명하였다.

또한 양국 정상은 이번에 새로운 한·일 이중과세방지협약이 서명되는 것을 환영하였다. 아울러 양국 정상은 무역·투자, 산업기술, 과학기술, 정보통신 및 노·사·정 교류 등 각 분야에서의 협력·교류를 더욱 발전시켜나간다는 데 의견의 일치를 보았으며, 한·일 사회보장협정을 염두에 두고, 장래 적절한 시기에 서로의 사회보장제도에 대한 정보·의견교환을 실시하기로 하였다.

9. 양국 정상은 국제사회의 안전과 복지에 대한 새로운 위협이 되고 있는 국경을 초월한 각종 범세계적 문제의 해결을 위하여 양국 정부가 긴밀히 협력해나간다는 데 의견의 일치를 보았다. 양국 정상은 지구환경 문제, 특히 온실가스 배출 제한, 산성비 대책을 비롯한 제반 문제에 대한 대응에서의 협력을 강화하기 위하여, 한·일 환경정책대화를 추진하기로 하였다. 또한 개발 도상국에 대한 지원을 강화하기 위하여 원조분야에서의 양국 간 협조를 더욱 발전시켜 나간다는 데 의견의 일치를 보았다. 아울러 양국 정상은 한·일 범죄인인도조약 체결을 위한 협의를 시작하는 동시에, 마약·각성제 대책을 비롯한 국제조직범죄 대책분야에서의 협력을 더욱 강화한다는 데 의견의 일치를 보았다.

10. 양국 정상은 이상 각 분야의 양국 간 협력을 효과적으로 추진해나가는 기초는 정부간 교류뿐만 아니라 양국 국민 간의 깊은 상호이해와 다양한 교류에 있다는 인식하에 양국 간의 문화·인적 교류를 확충해나간다는 데 의견의 일치를 보았다.

양국 정상은 2002년 월드컵의 성공을 위한 양국 국민의 협력을 지원하고, 2002년 월드컵 개최를 계기로 문화 및 스포츠 교류를 더욱 활발히 추진해나가기로 하였다.

양국 정상은 연구원, 교사, 언론인, 시민단체 등 다양한 계층의 국민 및 지역 간 교류의 진전을 촉진하기로 하였다.

양국 정상은 이러한 교류·상호이해 촉진의 토대를 조성하는 조치로서 이전부터 추진해온 사증제도의 간소화를 계속 추진하기로 하였다.

또한 양국 정상은 한·일 간의 교류 확대와 상호이해 증진에 이바지하기 위하여 중·고생 교류사업의 신설을 비롯하여 정부 간의 유학생 및 청소년 교류 사업의 내실화를 기하는 동시에, 양국의 청소년을 대상으로 한 취업관광사증제도를 1999년 4월부터 도입하기로 합의하였다. 또한 양국 정상은 재일한국인이 한·일 양국 국민의 상호교류·상호이해를 위한 가교로서의 역할을 담당할 수 있다는 인식에 입각하여 그 지위의 향상을 위하여 양국 간 협의를 계속해나간다는 데 의견의 일치를 보았다.

양국 정상은 한·일포럼 및 역사공동연구의 촉진에 관한 한·일 공동위원회 등 관계자에 의한 한·일 간 지적 교류의 의의를 높이 평가하는 동시에, 이러한 노력을 계속 지지해나간다는 데 의견의 일치를 보았다.

김대중 대통령은 한국 내에서 일본 문화를 개방해나가겠다는 방침을 전달하였으며, 오부치 총리대신은 이러한 방침이 한·일 양국의 진정한 상호이해에 기여할 것으로 환영하였다.

11. 김대중 대통령과 오부치 총리대신은 21세기의 새로운 한·일 파트너십이 양국 국민의 폭넓은 참여와 부단한 노력을 통하여 더욱 높은 차원으로 발전될 수 있다는 공통의 신념을 표명하는 동시에, 양국 국민에 대하여 이 공동선언의 정신을 함께하고, 새로운 한·일 파트너십의 구축·발전을 위한 공동의 작업에 동참해줄 것을 호소하였다.

                                    대한민국 대통령   일본국 내각총리대신
                                        김 대 중   오부치 게이조

> 1998년 11월 28일 가고시마에서 서명
> 1999년 1월 22일 발효

10. 대한민국과 일본국 간의 어업에 관한 협정

대한민국과 일본국은, 해양생물자원의 합리적인 보존·관리 및 최적 이용의 중요성을 인식하고, 1965년 6월 22일 도쿄에서 서명된 "대한민국과 일본국 간의 어업에 관한 협정"을 기초로 유지되어왔던 양국 간 어업분야에서의 협력관계의 전통을 상기하고, 양국이 1982년 12월 10일 작성된 "해양법에 관한 국제연합협약"(이하 "국제연합해양법협약"이라 한다)의 당사국임을 유념하고, 국제연합해양법협약에 기초하여, 양국 간 새로운 어업질서를 확립하고, 양국 간에 어업분야에서의 협력관계를 더욱 발전시킬 것을 희망하여, 다음과 같이 합의하였다.

제1조

이 협정은 대한민국의 배타적 경제수역과 일본국의 배타적 경제수역(이하 "협정수역"이라 한다)에 적용한다.

제2조

각 체약국은 호혜의 원칙에 입각하여 이 협정 및 자국의 관계법령에 따라 자국의 배타적 경제수역에서 타방체약국 국민 및 어선이 어획하는 것을 허가한다.

제3조

1. 각 체약국은 자국의 배타적 경제수역에서의 타방체약국 국민 및 어선의 어획이 인정되는 어종·어획할당량·조업구역 및 기타 조업에 관한 구체적인 조건을 매년 결정하고, 이 결정을 타방체약국에 서면으로 통보한다.
2. 각 체약국은 제1항의 결정을 함에 있어서, 제12조의 규정에 의하여 설치되는 한·일어업공동위원회의 협의결과를 존중하고, 자국의 배타적 경제수역에서의 해양생물자원의 상태, 자국의 어획능력, 상호입어의 상황 및 기타 관련요소를 고려한다.

제4조

1. 각 체약국의 권한 있는 당국은 타방체약국으로부터 제3조에서 규정하는 결정에 관하여 서면에 의한 통보를 받은 후, 타방체약국의 배타적 경제수역에서 어획하는 것을 희망하는 자국의 국민 및 어선에 대한 허가증 발급을 타방체약국의 권한 있는 당국에 신청한다. 해당 타방체약국의 권한 있는 당국은 이 협정 및 어업에 관한 자국의 관계법령에 따라 이 허가증을 발급한다.
2. 허가를 받은 어선은 허가증을 조타실의 보이기 쉬운 장소에 게시하고 어선의 표지를 명확히 표시하여 조업한다.
3. 각 체약국의 권한 있는 당국은 허가증의 신청 및 발급, 어획실적에 관한 보고, 어선의 표지 및 조업일지의 기재에 관한 규칙을 포함한 절차규칙을 타방체약국의 권한 있는 당국에 서면으로 통보한다.
4. 각 체약국의 권한 있는 당국은 입어료 및 허가증 발급에 관한 타당한 요금을 징수할 수 있다.

제5조

1. 각 체약국의 국민 및 어선이 타방체약국의 배타적 경제수역에서 어획할 때에는 이 협정 및 어업에 관한 타방체약국의 관계법령을 준수한다.
2. 각 체약국은 자국의 국민 및 어선이 타방체약국의 배타적 경제수역에서 어획할 때에는 제3조의 규정에 따라 타방체약국이 결정하는 타방체약국의 배타적 경제수역에서의 조업에 관한 구체적인 조건과 이 협정의 규정을 준수하도록 필요한 조치를 취한다. 이 조치는 타방체약국의 배타적 경제수역에서의 자국의 국민 및 어선에 대한 임검·정선 및 기타의 단속을 포함하지 아니한다.

제6조

1. 각 체약국은 타방체약국의 국민 및 어선이 자국의 배타적 경제수역에서 어획할 때에는 제3조의 규정에 따라 자국이 결정하는 자국의 배타적 경제수역에서의 조업에 관한 구체적인 조건과 이 협정의 규정을 준수하도록 국제법에 따라 자국의 배타적 경제수역에서 필요한 조치를 취할 수 있다.
2. 각 체약국의 권한 있는 당국은 제1항의 조치로서 타방체약국의 어선 및 그 승무원을 나포 또는 억류한 경우에는 취하여진 조치 및 그 후 부과된 벌에 관하여 외교경로를 통하여 타방체약국에 신속히 통보한다.
3. 나포 또는 억류된 어선 및 그 승무원은 적절한 담보금 또는 그 제공을 보증하는 서류를 제출한 후에는 신속히 석방된다.
4. 각 체약국은 어업에 관한 자국의 관계법령에서 정하는 해양생물자원의 보존조치 및 기타 조건을 타방체약국에 지체 없이 통보한다.

제7조

1. 각 체약국은 다음 각 목의 점을 순차적으로 직선으로 연결하는 선에 의한 자국 측의 협정수역에서 어업에 관한 주권적 권리를 행사하며, 제2조 내지 제6조의 규정의 적용상도 이 수역을 자국의 배타적 경제수역으로 간주한다.

   가. 북위 32도 57.0분, 동경 127도 41.1분의 점
   나. 북위 32도 57.5분, 동경 127도 41.9분의 점
   다. 북위 33도 01.3분, 동경 127도 44.0분의 점
   라. 북위 33도 08.7분, 동경 127도 48.3분의 점
   마. 북위 33도 13.7분, 동경 127도 51.6분의 점
   바. 북위 33도 16.2분, 동경 127도 52.3분의 점
   사. 북위 33도 45.1분, 동경 128도 21.7분의 점
   아. 북위 33도 47.4분, 동경 128도 25.5분의 점
   자. 북위 33도 50.4분, 동경 128도 26.1분의 점
   차. 북위 34도 08.2분, 동경 128도 41.3분의 점
   카. 북위 34도 13.0분, 동경 128도 47.6분의 점
   타. 북위 34도 18.0분, 동경 128도 52.8분의 점
   파. 북위 34도 18.5분, 동경 128도 53.3분의 점
   하. 북위 34도 24.5분, 동경 128도 57.3분의 점
   거. 북위 34도 27.6분, 동경 128도 59.4분의 점
   너. 북위 34도 29.2분, 동경 129도 00.2분의 점
   더. 북위 34도 32.1분, 동경 129도 00.8분의 점
   러. 북위 34도 32.6분, 동경 129도 00.8분의 점
   머. 북위 34도 40.3분, 동경 129도 03.1분의 점
   버. 북위 34도 49.7분, 동경 129도 12.1분의 점

서. 북위 34도 50.6분, 동경 129도 13.0분의 점
　　　어. 북위 34도 52.4분, 동경 129도 15.8분의 점
　　　저. 북위 34도 54.3분, 동경 129도 18.4분의 점
　　　처. 북위 34도 57.0분, 동경 129도 21.7분의 점
　　　커. 북위 34도 57.6분, 동경 129도 22.6분의 점
　　　터. 북위 34도 58.6분, 동경 129도 25.3분의 점
　　　퍼. 북위 35도 01.2분, 동경 129도 32.9분의 점
　　　허. 북위 35도 04.1분, 동경 129도 40.7분의 점
　　　고. 북위 35도 06.8분, 동경 130도 07.5분의 점
　　　노. 북위 35도 07.0분, 동경 130도 16.4분의 점
　　　도. 북위 35도 18.2분, 동경 130도 23.3분의 점
　　　로. 북위 35도 33.7분, 동경 130도 34.1분의 점
　　　모. 북위 35도 42.3분, 동경 130도 42.7분의 점
　　　보. 북위 36도 03.8분, 동경 131도 08.3분의 점
　　　소. 북위 36도 10.0분, 동경 131도 15.9분의 점
2. 각 체약국은 제1항의 선에 의한 타방체약국 측의 협정수역에서 어업에 관한 주권적 권리를 행사하지 아니하며, 제2조 내지 제6조 규정의 적용상도 이 수역을 타방체약국의 배타적 경제수역으로 간주한다.

제8조

제2조 내지 제6조의 규정은 협정수역 중 다음 가목 및 나목의 수역에는 적용하지 아니한다.
가. 제9조 제1항에서 정하는 수역
나. 제9조 제2항에서 정하는 수역

제9조

1. 다음 각 목의 점을 순차적으로 직선으로 연결하는 선에 의하여 둘러싸이는 수역에 있어서는 부속서 I 의 제2항의 규정을 적용한다.

    가. 북위 36도 10.0분, 동경 131도 15.9분의 점
    나. 북위 35도 33.75분, 동경 131도 46.5분의 점
    다. 북위 35도 59.5분, 동경 132도 13.7분의 점
    라. 북위 36도 18.5분, 동경 132도 13.7분의 점
    마. 북위 36도 56.2분, 동경 132도 55.8분의 점
    바. 북위 36도 56.2분, 동경 135도 30.0분의 점
    사. 북위 38도 37.0분, 동경 135도 30.0분의 점
    아. 북위 39도 51.75분, 동경 134도 11.5분의 점
    자. 북위 38도 37.0분, 동경 132도 59.8분의 점
    차. 북위 38도 37.0분, 동경 131도 40.0분의 점
    카. 북위 37도 25.5분, 동경 131도 40.0분의 점
    타. 북위 37도 08.0분, 동경 131도 34.0분의 점
    파. 북위 36도 52.0분, 동경 131도 10.0분의 점
    하. 북위 36도 52.0분, 동경 130도 22.5분의 점
    거. 북위 36도 10.0분, 동경 130도 22.5분의 점
    너. 북위 36도 10.0분, 동경 131도 15.9분의 점

2. 다음 각 목의 선에 의하여 둘러싸이는 수역 중 대한민국의 배타적 경제수역의 최남단의 위도선 이북의 수역에서는 부속서 I 의 제3항의 규정을 적용한다.

    가. 북위 32도 57.0분, 동경 127도 41.1분의 점과 북위 32도 34.0분, 동경 127도 9.0분의 점을 연결하는 직선
    나. 북위 32도 34.0분, 동경 127도 9.0분의 점과 북위 31도 0.0분,

동경 125도 51.5분의 점을 연결하는 직선
다. 북위 31도 0.0분, 동경 125도 51.5분의 점에서 시작하여 북위 30도 56.0분, 동경 125도 52.0분의 점을 통과하는 직선
라. 북위 32도 57.0분, 동경 127도 41.1분의 점과 북위 31도 20.0분, 동경 127도 13.0분의 점을 연결하는 직선
마. 북위 31도 20.0분, 동경 127도 13.0분의 점에서 시작하여 북위 31도 0.0분, 동경 127도 5.0분의 점을 통과하는 직선

제10조

양 체약국은 협정수역에서의 해양생물자원의 합리적인 보존·관리 및 최적 이용에 관하여 상호 협력한다. 이 협력은 해당 해양생물자원의 통계학적 정보와 수산업 자료의 교환을 포함한다.

제11조

1. 양 체약국은 각각 자국의 국민과 어선에 대하여 항행에 관한 국제법규의 준수, 양 체약국 어선 간 조업의 안전과 질서의 유지 및 해상에서의 양 체약국 어선 간 사고의 원활하고 신속한 해결을 위하여 적절한 조치를 취한다.
2. 제1항에 열거한 목적을 위하여 양 체약국의 관계당국은 가능한 한 긴밀하게 상호연락하고 협력한다.

제12조

1. 양 체약국은 이 협정의 목적을 효율적으로 달성하기 위하여 한·일어업공동위원회(이하 "위원회"라 한다)를 설치한다.
2. 위원회는 양 체약국 정부가 각각 임명하는 1인의 대표 및 1인의 위

원으로 구성되며, 필요한 경우 전문가로 구성되는 하부기구를 설치할 수 있다.
3. 위원회는 매년 1회 양국에서 교대로 개최하고 양 체약국이 합의할 경우에는 임시로 개최할 수 있다. 제2항의 하부기구가 설치되는 경우에는 해당 하부기구는 위원회의 양 체약국 정부대표의 합의에 의하여 언제라도 개최할 수 있다.
4. 위원회는 다음 사항에 관하여 협의하고, 협의결과를 양 체약국에 권고한다. 양 체약국은 위원회의 권고를 존중한다.
  가. 제3조에 규정하는 조업에 대한 구체적인 조건에 관한 사항
  나. 조업질서유지에 관한 사항
  다. 해양생물자원의 실태에 관한 사항
  마. 제9조 제1항에서 정하는 수역에서의 해양생물자원의 보존·관리에 관한 사항
  바. 기타 이 협정의 실시와 관련되는 사항
5. 위원회는 제9조 제2항에서 정하는 수역에서의 해양생물자원의 보존·관리에 관한 사항에 관하여 협의하고 결정한다.
6. 위원회의 모든 권고 및 결정은 양 체약국 정부의 대표 간의 합의에 의하여서만 이를 한다.

제13조

1. 이 협정의 해석이나 적용에 관한 양 체약국 간의 분쟁은 먼저 협의에 의하여 해결한다.
2. 제1항에서 언급하는 분쟁이 협의에 의하여 해결되지 아니하는 경우에는 그러한 분쟁은 양 체약국의 동의에 의하여 다음에 정하는 절차에 따라 해결한다.

가. 어느 일방체약국의 정부가 타방체약국의 정부로부터 분쟁의 원인이 기재된 당해 분쟁의 중재를 요청하는 공문을 받은 경우에 있어서 그 요청에 응하는 통보를 타방체약국 정부에 대하여 행할 때에는 그 분쟁은 그 통보를 받은 날부터 30일의 기간 내에 각 체약국 정부가 임명하는 각 1인의 중재위원과 이와 같이 선정된 2인의 중재위원이 그 기간 후 30일 이내에 합의하는 제3의 중재위원 또는 그 기간 후 30일 이내에 그 2인의 중재위원이 합의하는 제3국의 정부가 지명하는 제3의 중재위원과의 3인의 중재위원으로 구성된 중재위원회에 결정을 위하여 회부된다. 다만, 제3의 중재위원은 어느 일방체약국의 국민이어서는 아니 된다.

나. 어느 일방체약국의 정부가 가.에서 정하고 있는 기간 내에 중재위원을 임명하지 못한 경우, 또는 제3의 중재위원 또는 제3국에 대하여 가.에서 정하고 있는 기간 내에 합의되지 아니하는 경우, 중재위원회는 각 경우에서의 가.에서 정하고 있는 기간 후 30일 이내에 각 체약국 정부가 선정하는 국가의 정부가 지명하는 각 1인의 중재위원과 이들 정부가 협의에 의하여 결정하는 제3국 정부가 지명하는 제3의 중재위원으로 구성된다.

다. 각 체약국은 자국의 정부가 임명한 중재위원 또는 자국의 정부가 선정하는 국가의 정부가 지명하는 중재위원에 관한 비용 및 자국의 정부가 중재에 참가하는 비용을 각각 부담한다. 제3의 중재위원이 그 직무를 수행하기 위한 비용은 양 체약국이 절반씩 부담한다.

라. 양 체약국 정부는 이 조의 규정에 의한 중재위원회의 다수결에 의한 결정에 따른다.

제14조

이 협정의 부속서 I 및 부속서 II는 이 협정의 불가분의 일부를 이룬다.

제15조

이 협정의 어떠한 규정도 어업에 관한 사항 외의 국제법상 문제에 관한 각 체약국의 입장을 해하는 것으로 간주되어서는 아니 된다.

제16조

1. 이 협정은 비준되어야 한다. 비준서는 가능한 한 신속히 서울에서 교환한다. 이 협정은 비준서를 교환하는 날부터 효력을 발생한다.
2. 이 협정은 효력이 발생하는 날부터 3년간 효력을 가진다. 그 이후에는 어느 일방체약국도 이 협정을 종료시킬 의사를 타방체약국에 서면으로 통고할 수 있으며, 이 협정은 그러한 통고가 있는 날부터 6월 후에 종료하며, 그와 같이 종료하지 아니하는 한 계속 효력을 가진다.

제17조

1965년 6월 22일 도쿄에서 서명된 "대한민국과 일본국 간의 어업에 관한 협정"은 이 협정이 발효하는 날에 그 효력을 상실한다.

이상의 증거로 아래 대표는 각자의 정부로부터 정당한 위임을 받아 이 협정에 서명하였다.
1998년 11월 28일 가고시마에서 동등하게 정본인 한국어 및 일본어로 각 2부를 작성하였다.

                대한민국을 위하여   일본국을 위하여

부속서 I

1. 양 체약국은 배타적 경제수역의 조속한 경계획정을 위하여 성의를 가지고 계속 교섭한다.
2. 양 체약국은 이 협정 제9조 제1항에서 정하는 수역에서 해양생물자원의 유지가 과도한 개발에 의하여 위협받지 아니하도록 하기 위하여 다음 각 목의 규정에 따라 협력한다.
   가. 각 체약국은 이 수역에서 타방체약국 국민 및 어선에 대하여 어업에 관한 자국의 관계법령을 적용하지 아니한다.
   나. 각 체약국은 이 협정 제12조의 규정에 의하여 설치되는 한·일 어업공동위원회(이하 "위원회"라 한다)의 협의결과에 따른 권고를 존중하여, 이 수역에서의 해양생물자원의 보존 및 어업종류별 어선의 최고조업척수를 포함하는 적절한 관리에 필요한 조치를 자국 국민 및 어선에 대하여 취한다.
   다. 각 체약국은 이 수역에서 각각 자국 국민 및 어선에 대하여 실시하고 있는 조치를 타방체약국에 통보하고, 양 체약국은 위원회의 자국 정부대표를 나목의 권고를 위한 협의에 참가시킴에 있어서 그 통보내용을 충분히 배려하도록 한다.
   라. 각 체약국은 이 수역에서 어획하는 자국의 국민 및 어선에 의한 어업종류별 및 어종별 어획량 기타 관련정보를 타방체약국에 제공한다.
   마. 일방체약국은 타방체약국의 국민 및 어선이 이 수역에서 타방체약국이 나목의 규정에 따라 실시하는 조치를 위반하고 있는 것을 발견한 경우, 그 사실 및 관련 상황을 타방체약국에 통보할 수 있다. 해당 타방체약국은 자국의 국민 및 어선을 단속함

에 있어서 그 통보와 관련된 사실을 확인하고 필요한 조치를 취한 후 그 결과를 해당 일방체약국에 통보한다.
3. 양 체약국은 이 협정 제9조 제2항에서 정하는 수역에서 해양생물자원의 유지가 과도한 개발에 의하여 위협받지 아니하도록 하기 위하여 다음 각 목의 규정에 따라 협력한다.
  가. 각 체약국은 이 수역에서 타방체약국 국민 및 어선에 대하여 어업에 관한 자국의 관계법령을 적용하지 아니한다.
  나. 각 체약국은 위원회의 결정에 따라, 이 수역에서의 해양생물자원의 보존 및 어업종류별 어선의 최고조업척수를 포함하는 적절한 관리에 필요한 조치를 자국 국민 및 어선에 대하여 취한다.
  다. 각 체약국은 이 수역에서 각각 자국 국민 및 어선에 대하여 실시하고 있는 조치를 타방체약국에 통보하고 양 체약국은 위원회의 자국 정부대표를 나목의 결정을 위한 협의에 참가시킴에 있어서 그 통보내용을 충분히 배려하도록 한다.
  라. 각 체약국은 이 수역에서 어획하는 자국의 국민 및 어선에 의한 어업 종류별 및 어종별 어획량 기타 관련정보를 타방체약국에 제공한다.
  마. 일방체약국은 타방체약국의 국민 및 어선이 이 수역에서 타방체약국이 나목의 규정에 따라 실시하는 조치를 위반하고 있는 것을 발견한 경우, 그 사실 및 관련 상황을 타방체약국에 통보할 수 있다. 해당 타방체약국은 자국의 국민 및 어선을 단속함에 있어서 그 통보와 관련된 사실을 확인하고 필요한 조치를 취한 후 그 결과를 해당 일방체약국에 통보한다.

부속서 Ⅱ

1. 각 체약국은 이 협정 제9조 제1항 및 제2항에서 정하는 수역을 기준으로 자국 측의 협정수역에서 어업에 관한 주권적 권리를 행사하며, 이 협정 제2조 내지 제6조의 규정의 적용상도 이 수역을 자국의 배타적 경제수역으로 간주한다.
2. 각 체약국은 이 협정 제9조 제1항 및 제2항에서 정하는 수역을 기준으로 타방체약국 측의 협정수역에서 어업에 관한 주권적 권리를 행사하지 아니하며, 이 협정 제2조 내지 제6조의 규정의 적용상도 이 수역을 타방체약국의 배타적 경제수역으로 간주한다.
3. 제1항 및 제2항의 규정은 다음 각 목의 점을 순차적으로 직선으로 연결하는 선의 북서쪽 수역의 일부 협정수역에는 적용되지 아니한다. 또한 각 체약국은 이 수역에서는 어업에 관한 자국의 관계법령을 타방체약국의 국민 및 어선에 대하여 적용하지 아니한다.
   가. 북위 38도 37.0분, 동경 131도 40.0분의 점
   나. 북위 38도 37.0분, 동경 132도 59.8분의 점
   다. 북위 39도 51.75분, 동경 145도 11.5분의 점

합의의사록

대한민국 정부 대표 및 일본국 정부 대표는 금일 서명된 대한민국과 일본국 간의 어업에 관한 협정(이하 "협정"이라 한다)의 관계 조항과 관련하여 다음 사항을 기록하는 것에 합의하였다.

1. 양국 정부는 동중국해에서 원활한 어업질서를 유지하기 위하여 긴밀히 협력한다.
2. 대한민국 정부는 협정 제9조 제2항에서 정하는 수역의 설정과 관련하여, 동중국해의 일부 수역에서 일본국이 제3국과 구축한 어업관계가 손상되지 않도록 일본국 정부에 대하여 협력할 의향을 가진다. 다만 이는 일본국이 당해 제3국과 체결한 어업협정에 관한 대한민국의 입장을 해하는 것으로 간주되어서는 아니 된다.
3. 일본국 정부는 협정 제9조 제2항에서 정하는 수역의 설정과 관련하여, 대한민국의 국민 및 어선이 동중국해의 다른 일부 수역에서 일본국이 제3국과 구축한 어업관계하에서 일정 어업활동이 가능하도록 당해 제3국 정부에 대하여 협력을 구할 의향을 가진다.
4. 양국 정부는 협정 및 양국이 각각 제3국과 체결하였거나 또는 체결할 어업협정에 기초하여 동중국해에서 원활한 어업질서를 유지하기 위한 구체적인 방안을 협정 제12조에 의거하여 설치되는 한·일 어업공동위원회 및 당해 제3국과의 어업협정에 의거하여 설치되는 유사한 공동위원회를 통하여 협의할 의향을 가진다.

가고시마, 1998년 11월 28일

대한민국 정부를 위하여   일본국 정부를 위하여

(한국 측 서한)

가고시마, 1998년 11월 28일

각하,

본 장관은 금일 서명된 대한민국과 일본국 간의 어업에 관한 협정을 언급함과 아울러 다음과 같이 말씀드리는 영광을 가집니다.

대한민국 정부는 대한민국의 국민 및 어선에 의하여 상기 협정의 규정을 위반하는 조업이 행해지는 경우에는 대한민국의 관계법령에 따라 엄정한 조치를 취하는 것으로 대처할 의향을 가지고 있다.

본 장관은 이상을 말씀드림에 있어 각하에 대하여 경의를 표합니다.

　　　　　　　　　대한민국　　　　일본국 외무대신 각하
　　　　　　　　외교통상부 장관

(일본 측 서한)

가고시마, 1998년 11월 28일

각하,

본 대신은 금일 서명된 일본국과 대한민국 간의 어업에 관한 협정을 언급함과 아울러 다음과 같이 말씀드리는 영광을 가집니다.

일본국 정부는 일본국의 국민 및 어선에 의하여 상기 협정의 규정을 위반하는 조업이 행해지는 경우에는 일본국의 관계법령에 따라 엄정한 조치를 취하는 것으로 대처할 의향을 가지고 있다.

본 대신은 이상을 말씀드림에 있어 각하에 대하여 경의를 표합니다.

　　　　　　　　일본국 외무대신　　　　대한민국
　　　　　　　　　　　　　　　　　　외교통상부 장관 각하

(일본 측 서한)

가고시마, 1998년 11월 28일

본 대신은 금일 서명된 "어업에 관한 일본국과 대한민국 간의 협정"에 대하여 언급하면서 다음과 같이 말씀드리는 영광을 가집니다.
일본국의 배타적 경제수역에서 대한민국 국민 및 어선에 대한 어획할당량은 외국인이 행하는 어업의 어획량에 관한 일본국의 국내법령의 규정에 따라 다음과 같이 매년 결정할 의향이 있다.

1. 명태의 어획할당량은 1999년은 1만 5천 톤으로 하고 익년 이후에는 영(零)으로 한다.
2. 대게의 어획할당량은 1999년 및 익년에는 기존어획실적의 1/2로 하고 익년 다음해 이후에는 영(零)으로 한다.
3. 명태 및 대게 이외의 어종의 어획할당량의 합계는 그 어종의 기존어획실적을 기준으로 하고, 1999년부터 3년에 대한민국의 배타적 경제수역에서 일본국 국민 및 어선에 대한 어획할당량과 등량으로 한다.

본 대신은 이상을 말씀드림에 있어 각하에 대하여 경의를 표합니다.

일본국 외무대신   대한민국
                         외교통상부 장관 각하

김선길 장관과 나카가와 쇼이치 대신 간
구두 양해

양 장관은 대한민국의 일본국 배타적 경제수역에서 어획할당에 관한 서한의 운용상 협정 3년째의 한·일 쌍방의 어획할당량은 쌍방의 국내 설명이 가능하도록 수천 톤 레벨의 차를 설정하는 것을 양해하였다.
또한 입어료에 대하여는 서로 면제할 의향이 있음을 표명하였다.

NON-PAPER
(대한민국 해양수산부장관이 일본국 농림수산대신에 대하여)

일본국 배타적 경제수역에서의 대한민국 어획할당과 관련하여 대한민국 측은 예를 들어 만일 일본국의 배타적 경제수역에서 대한민국의 연간 어획실적이 16만 톤, 대한만국의 배타적 경제수역에서 일본국의 연간 어획실적을 10만 톤으로 한다면, 1999년 15만 톤, 2000년 13만 톤, 2001년 11만 톤 미만을 말하는 정도가 생각되어지는 것으로 하였다.
또한 이 숫자는 예시며 실제 어획할당량의 설정을 구속하는 것은 아니다.

1982.8.26, 도쿄

11. 미야자와 관방장관 담화

1. 일본 정부 및 일본 국민은 과거 일본국의 행위가 한국, 중국을 포함한 아시아 국가들의 국민에게 다대한 고통과 손해를 끼친 것을 깊이 자각하고, 이와 같은 일을 두 번 다시 반복해서는 안 된다는 반성과 결의 위에 서서 평화국가로서의 길을 걸어왔다. 일본국은 한국에 대해서는 1965년의 일·한 공동 성명에서 "과거의 관계는 유감이며 깊이 반성하고 있다"라는 인식을, 또한 중국에 대해서는 일·중 공동 성명에서 "과거 일본국이 전쟁을 통해 중국 국민에게 중대한 손해를 끼친 데 대한 책임을 통감하고 깊이 반성한다"라는 인식을 밝혔는바, 이것도 전술한 일본국의 반성과 결의를 확인한 것이며, 현재에도 이러한 인식에는 추호의 변화도 없다.

2. 이와 같은 일·한 공동 성명, 일·중 공동 성명의 정신은 일본국의 학교교육, 교과서의 검정에서도 당연히 존중되어야 할 것이나, 오늘날 한국, 중국 등에서 이 점과 관련된 일본국 교과서 기술에 관한 비판이 제기되고 있다. 일본국으로서는 아시아 인근 제국과의 우호, 친선을 추진함에 있어 이러한 비판에 충분히 귀를 기울이고, 정부의 책임하에 시정한다.

3. 이를 위해 금후의 교과서 검정에서는 교과용 도서검정조사 심의회의 논의를 거쳐 검정기준을 고치고, 전술한 취지가 충분히 실현되

도록 배려한다. 이미 검정이 행하여진 것에 대해서는 금후 신속히 이러한 취지가 실현되도록 조치할 것이며 그때까지의 조치로서 문부대신이 소견을 밝히고, 전술한 두 가지 취지를 교육현장에 충분히 반영시키도록 한다.

4. 일본국으로서는 금후에도 인근 여러 나라 국민과의 상호 이해의 촉진과 우호 협력 발전을 위해 노력하고, 아시아, 나아가서는 세계 평화와 안정에 기여해나갈 생각이다.

1982.11.24, 도쿄

12. 오카와 문부대신 담화

1. 일본의 교육은 평화적인 국가와 사회의 구성원을 육성함이 목적이다. 따라서 학교 교육에서도 국민으로서의 자각을 깊게 함과 동시에 국제이해와 국제협조의 정신을 배양하는 것을 중요시하고 있다. 이 점에 관하여는 교과서 검정에서도 종래부터 배려해오고 있는 바다. 그러나 얼마 전 한국·중국 등에서 일본의 역사교과서 기술에 대하여 의견이 들어왔다. 이와 같은 의견에 충분히 귀를 기울여 검토를 거듭한 결과 8월 26일자 "역사교과서에 관한 관방장관 담화"가 발표되었다. 본인은 동 취지를 받아들여 9월 14일 교과용 도서검정 조사 심의회에 대하여 "역사교과서의 기술에 관한 검정의 절차에 관하여" 자문하였다. 심의회는 신중하게 심의하여 11월 16일 자문결과를 매듭지었다.

2. 자문결과는 교과서 검정에서 일본과 한국·중국을 비롯한 인근 아시아 제국과의 불행한 과거의 관계를 고려하여, 이들 제국의 국민감정 등에 대하여도 금후 한층 더 배려할 필요가 있다고 하였고 따라서 검정 기준에 국제이해와 국제협력에 관한 사항을 덧붙일 필요가 있다고 하였다.

3. 동 자문결과에 따라 의무교육제학교 교과용 도서 검정기준 및 고등학교 교육용 도서 검정기준을 개정하여 "인근 아시아 제국과의 관계

에 관한 근·현대의 역사적 사실에는 국제이해와 국제협조의 견지에서 필요한 배려가 있어야 할 것"이라는 규정을 추가하였다. 국제이해와 국제협조의 정신에 관하여는 종래부터 교과서 검정에서 배려해온 바 있으나, 새로운 검정기준을 추가함으로써 일본과 인근 아시아 제국과의 우호, 친선을 한층 더 전진시켜 교과서의 기술이 보다 적절한 것이 되도록 길을 열고자 한다. 금후에는 저작자, 발행자가 검정을 신청하는 교과서에 대하여 새로운 검정기준이 적용됨으로써 교과서의 구체적 기술이 개선될 것으로 생각한다.

4. 상기 신검정 기준은 자문결과에 따라 1982년도 교과서 검정부터 적용키로 하였다. 또한 1981년도 검정을 필한 고등학교 역사교과서에 대하여는 정오정정(正誤訂正)의 절차에 의하여 수정하지 않고 신검정 기준에 의한 검정을 가능한 한 빨리 행하기 위하여 자문결과에 따라 차기 개정 검정을 1년 앞당겨 1983년에 실시코자 한다.

5. 문부성으로서는 금후에는 일·한 공동 성명 및 일·중 공동 성명의 정신을 존중하여 인근 제국과의 상호 이해의 촉진과 우호협력 관계의 발전에 노력하는 것이 극히 중요하다고 생각한다. 학교 교육의 현장에서 이상의 취지를 감안, 금후 인근 아시아 여러 나라를 비롯, 여러 외국과의 국제이해와 국제협조를 배양함에 배려가 있기를 기대한다.

1993. 8. 4, 도쿄

13. 고노 관방장관 담화

이른바 종군위안부 문제에 대해서 정부는 재작년 12월부터 조사를 진행해왔으나 이번에 그 결과가 정리되었기에 발표하기로 하였다.

이번 조사의 결과, 장기적이고도 광범위한 지역에 걸쳐 위안소가 설치되었으며 많은 위안부가 존재했었다는 것이 확인되었다. 위안소는 당시 군 당국의 요청에 의해 설치 운영되었으며, 위안소의 설치, 관리 및 위안부의 이송에 대해서는 구 일본군이 직접 또는 간접적으로 이에 관여했다. 위안부 모집에 대해서는 군의 요청을 받은 업자가 주로 담당하였으나 그 경우도 감언, 강압 등에 의한, 본인들의 의사에 반하여 모집된 사례가 많으며 더욱이 관헌(官憲) 등이 직접 이에 가담한 적도 있었던 사실이 밝혀졌다. 또한 위안소에서의 생활은 강제적인 상황하에서의 참혹한 것이었다.

또한, 전지(戰地)로 이송된 위안부의 출신지에 대해서는 일본을 제외하면 한반도가 큰 비중을 차지하고 있었는데 당시의 한반도는 일본국의 통치하에 있었기 때문에 모집, 이송, 관리 등도 감언, 강압 등에 의해 총체적으로 본인들의 의사에 반하여 이루어졌다.

어쨌든, 본건은 당시의 군의 관여 아래 수많은 여성의 명예와 존엄에

깊은 상처를 입힌 문제다. 정부는 이번 기회에 다시금 그 출신지의 여하를 떠나 이른바 종군위안부로서 헤아릴 수 없는 고통을 겪고, 심신에 치유하기 어려운 상처를 입은 모든 분들께 마음에서 우러나오는 사죄(お詫び)와 반성의 심정을 말씀드린다. 또 그와 같은 마음을 일본국이 어떻게 표현하는가에 대해서는 지식인들의 의견 등도 구해 앞으로 진지하게 검토해야 한다고 생각한다.

우리들은 이와 같은 역사의 진실을 피하는 일 없이 오히려 이것을 역사의 교훈으로서 직시해나가고자 한다. 우리들은 역사연구, 역사교육을 통해 이와 같은 문제를 영원히 기억해 똑같은 잘못을 결코 되풀이하지 않겠다는 굳은 결의를 다시 한 번 표명한다.

또한 본 문제에 대해서는 일본에서 소송이 제기되어 있으며 국제적으로도 주목받고 있어 정부로서도 앞으로 민간연구를 포함해 충분한 관심을 기울여 나가고자 한다.

| 1995. 8. 15, 도쿄 |

14. 무라야마 총리 담화
- 전후(戰後) 50주년 특별담화 -

지난번 대전이 종말을 고한 지 50년의 세월이 흘렀습니다. 다시 한 번 이 전쟁으로 희생된 내외의 많은 분들을 생각하면 만감이 가슴에 저미는 바입니다.

패전 후 일본은 저 불타버린 벌판에서 수많은 곤란을 극복하여 오늘의 평화와 번영을 쌓아왔습니다. 이것은 우리들의 자랑이며, 이를 위하여 쏟아 넣은 국민 여러분 한 분 한 분의 영지(英知)와 꾸준한 노력에 저는 마음으로 경의를 표합니다. 여기에 이르기까지 미국을 비롯한 세계 각국에서 보내온 지원과 협력에 대하여 다시금 심심한 사의를 표명합니다. 또한 아시아태평양 근린 제국, 미국 및 구주 제국과 오늘날과 같은 우호관계를 쌓게 된 것을 마음으로 경하하는 바입니다.

평화롭고 풍요한 일본이 된 오늘, 우리들은 자칫하면 이 평화의 존엄성과 감사함을 잊기 쉽습니다. 우리들은 과거의 잘못을 두 번 다시 반복하지 않도록 전쟁의 비참함을 젊은 세대에게 가르쳐 전해야만 합니다. 특히 근린 제국의 사람들과 손을 잡고 아시아태평양 지역, 나아가서 세계의 평화를 실현하기 위해서는 무엇보다도 이러한 제국과 깊은 이해와 신뢰에 바탕을 둔 관계를 쌓아나가는 것이 불가결하다고 생각합니다. 정부는 이러한 생각에 기초하여 특히 근현대 시기의 일본과 근린 아시아 제국과의 관계에 관한 역사연구를 지원하고, 각국과의 교류의 비약적 확대를 위해서 이 두 가지를 기둥으로 평화우호 교류 사업을 전개하고 있습니다. 또한 현재 추진 중인 전후 처리 문제에 관해서도 우리나라와 이들 각국의 신뢰관계를 한층 강화하기 위해 저는 계속 성실히 대응해나갈 것입니다.

지금 전후 50주년의 계기를 맞아 우리들이 명심해야 할 일은 지난날을 돌아보며 역사의 교훈을 얻고, 미래를 향하여 인류 사회의 평화와 번영의 길을 그르치지 않는 것입니다.

우리나라는 머지않은 과거의 한 시기에 국책(國策)을 그르쳐서 전쟁의 길을 걸어 국민을 존망(存亡)의 위기에 빠뜨리고, 식민지 지배와 침략으로 많은 나라, 특히 아시아 여러 나라의 사람들에게 다대한 손해와 고통을 주었습니다. 저는 미래에 잘못이 다시 없도록 하기 위해서 의심할 여지 없는 이 역사의 사실을 겸허하게 받아들여 여기에 다시 한 번 통절한 반성의 뜻을 표하며, 마음에서 우러나오는 사죄(お詫び)의 심정을 표명합니다. 또한 이러한 역사가 가져온 내외의 모든 희생자에 대하여 깊은 애도의 뜻을 바칩니다.

패전의 날로부터 50주년을 맞는 오늘 우리나라는 깊은 반성에 서서 독선적인 내셔널리즘을 배척하고 책임 있는 국제사회의 일원으로서 국제협조를 촉진하고 이를 통하여 평화의 이념과 민주주의를 확산시켜나가야만 합니다. 동시에 우리나라는 유일의 피폭국으로서의 체험을 바탕으로 핵무기의 궁극적인 폐기를 위하여 핵 비확산 체제의 강화 등 국제적인 군축을 적극적으로 추진해나가는 것이 중요합니다. 이것이야말로 과거에 대한 속죄며, 희생된 분들의 영령을 위로하는 일이라고 저는 믿고 있습니다.

"신의(信義)보다 의지할 만한 것은 없다"라는 말이 있습니다. 이 기념할 만한 날에 즈음하여 신의를 시정(施政)의 근간으로 할 것을 내외에 표명하면서 저의 맹세의 말로 대신코자 합니다.

1995년 8월 15일
내각총리대신 무라야마 도미이치

2005.8.15, 도쿄

15. 고이즈미 총리 담화

저는 종전 60년을 맞이하면서 다시 한 번 지금 우리가 누리고 있는 평화와 번영은 전쟁으로 어쩔 수 없이 목숨을 잃은 많은 분들의 고귀한 희생 위에 있음을 생각하며 다시는 일본국이 전쟁의 길로 나아가서는 안 된다는 결의를 새롭게 하는 바입니다.

지난 대전(大戰)에서는 300만여 동포가 조국을 생각하며, 가족을 생각하며 전장에서 산화하거나 전후 머나먼 이국 땅에서 돌아가셨습니다.

또한, 우리나라는 일찍이 식민지 지배와 침략으로 많은 나라, 특히 아시아 여러 나라의 사람들에게 다대한 손해와 고통을 주었습니다. 이러한 역사의 사실을 겸허히 받아들여 다시 한 번 통절한 반성과 마음에서 우러나오는 사죄(お詫び)의 심정을 표명함과 동시에 지난 대전에서의 내외의 모든 희생자께 삼가 애도의 뜻을 표합니다. 비참한 전쟁의 교훈을 풍화시킴이 없이 다시는 전쟁을 일으키는 일 없이 평화와 번영에 공헌해나갈 것을 결의합니다.

전후 일본국은 국민의 부단한 노력과 많은 나라의 지원에 힘입어 폐허에서 다시 일어나 샌프란시스코 평화조약을 받아들이고 국제사회에 복귀의 첫걸음을 내디뎠습니다.

어떠한 문제도 무력이 아닌 평화적으로 해결한다는 입장으로 일관하며, ODA나 유엔 평화유지활동 등을 통하여 세계 평화와 번영을 위해 물적·인적 양면에서 적극적으로 공헌해왔습니다.

일본국의 전후 역사는 진정으로 전쟁에 대한 반성을 행동으로 보여준 평화의 60년이었습니다.

　일본국은 전후 세대가 인구의 70%를 넘고 있습니다. 일본 국민은 한결같이 스스로의 체험이나 평화를 지향하는 교육을 통하여 국제평화를 진심으로 희구하고 있습니다. 지금 세계 각지에서 청년해외협력대 등으로 많은 일본인이 평화와 인도 지원을 위해 활약하고 있으며, 현지 주민들로부터 신뢰와 높은 평가를 받고 있습니다. 또한 아시아 여러 나라와의 사이에서도 일찍이 볼 수 없었던 정도로 특히 일의대수(一衣帶水)의 사이인 중국이나 한국을 비롯해 아시아 여러 나라와는 함께 손을 잡고 이 지역의 평화를 유지하며 발전을 지향하는 것이 필요하다고 생각합니다. 과거를 직시하고 역사를 바르게 인식하여 아시아 여러 나라와의 상호 이해와 신뢰를 기반으로 미래지향의 협력 관계를 구축해 나아가고자 합니다.

　국제사회는 지금 도상국의 개발이나 빈곤 극복, 지구환경의 보전, 대량살상무기의 확산 방지, 테러방지·근절 등 예전에는 상상할 수도 없었던 복잡하고도 곤란한 과제에 직면해 있습니다. 일본국은 세계평화에 공헌하기 위해 부전(不戰)의 맹세를 견지하며, 유일한 피폭국으로서의 체험이나 전후 60년의 과정에 입각해 국제사회의 책임 있는 일원으로서의 역할을 적극적으로 해나갈 것입니다.

　전후 60년이라는 길목인 올해 평화를 사랑하는 일본국은 뜻을 같이하는 모든 국가와 함께 인류 전체의 평화와 번영을 실현하기 위해 전력을 다할 것을 거듭 표명합니다.

2005년 8월 15일
내각총리대신 고이즈미 준이치로

> 2010.8.10, 도쿄

16. 간 총리 담화

금년은 한·일관계에서 커다란 전환점이 되는 해입니다. 정확히 100년 전 8월 한·일병합조약이 체결되어 이후 36년에 걸친 식민지 지배가 시작되었습니다. 3·1 독립운동 등의 격렬한 저항에서도 나타났듯이, 정치·군사적 배경하에 당시 한국인들은 그 뜻에 반하여 이루어진 식민지 지배로 국가와 문화를 빼앗기고, 민족의 자긍심에 깊은 상처를 입었습니다.

저는 역사에 대해 성실하게 임하고자 생각합니다. 역사의 사실을 직시하는 용기와 이를 인정하는 겸허함을 갖고, 스스로의 과오를 되돌아보는 것에 솔직하게 임하고자 생각합니다. 또한 아픔을 준 쪽은 잊기 쉽고, 받은 쪽은 이를 쉽게 잊지 못하는 법입니다. 이러한 식민지 지배가 초래한 다대한 손해와 아픔에 대해, 여기에 재차 통절한 반성과 마음에서 우러나오는 사죄의 심정(痛切な反省と心からのお詫びの気持)을 표명합니다.

이러한 인식하에 향후 100년을 바라보면서, 미래지향적인 한·일관계를 구축해갈 것입니다. 또한 지금까지 실시해온 이른바 사할린 한국인 지원, 한반도 출신자의 유골봉환 지원이라는 인도적 협력을 금후에도 성실히 실시해갈 것입니다. 또한 일본이 통치하던 기간에 조선총독부를 경유하여 반출되어 일본 정부가 보관하고 있는 조선왕조 의궤 등 한반도에서 유래한 귀중한 도서에 대해, 한국민의 기대에 부응하여 가까운 시실에 이를 반환하고자 합니다.

일본과 한국은 2천 년에 걸친 활발한 문화 교류 및 인적 왕래를 통해 세계에 자랑할 만한 훌륭한 문화와 전통을 깊이 공유하고 있습니다. 또한 오늘날 양국의 교류는 매우 중층적이며 광범위하고 다방면에 걸쳐 있으며, 양국 국민이 서로에게 느끼는 친근감과 우정은 전례가 없을 정도로 강한 것입니다. 양국의 경제관계 및 인적 교류의 규모는 국교정상화 이래 비약적으로 확대되었고, 서로 절차탁마하면서 경제적 결합은 매우 공고해졌습니다.

한·일 양국은 이제 금번 21세기에 민주주의 및 자유, 시장경제라는 가치를 공유하는 가장 중요하며 긴밀한 이웃 국가가 되었습니다. 이는 양국관계에 그치지 않고, 장래 동아시아 공동체 구축을 염두에 둔 이 지역의 평화와 안정, 세계경제 성장과 발전, 그리고 핵군축 및 기후변화, 빈곤 및 평화구축 등과 같은 지구규모의 과제까지, 지역과 세계의 평화와 번영을 위해 폭넓게 협력하여 지도력을 발휘하는 파트너 관계입니다.

저는 이러한 커다란 역사의 전환점을 계기로, 한·일 양국의 유대가 보다 깊고, 보다 확고해지는 것을 강하게 희구함과 동시에, 양국 간 미래를 열어가기 위해 부단한 노력을 아끼지 않을 결의를 표명합니다.

1997~2001

17. 일본군'위안부' 피해자 분들에게 보낸 총리의 사죄 서한

※ 본 서한은 하시모토, 오부치, 모리, 고이즈미 등 4명의 총리가 송부하였음.

삼가 말씀드립니다.

이번에 정부와 국민이 협력하여 진행하고 있는 "여성을 위한 아시아 평화 국민기금"을 통해서 종군위안부 피해자 분들에게 우리나라의 국민적인 보상이 실시되는 것에 즈음하여 저의 마음을 전하겠습니다.

이른바 종군위안부 문제는 당시 군의 관여하에 다수의 여성의 명예와 존엄에 깊은 상처를 낸 문제였습니다. 저는 일본국의 내각총리대신으로서 다시 한 번 이른바 종군위안부로서 무수한 고통을 경험하고 몸과 마음에 걸쳐 치유되기 어려운 상처를 진 모든 분들에 대해 마음으로 사죄와 반성의 마음을 전해드립니다.

우리들은 과거의 중요성에서라도, 미래의 책임에서 도망쳐서는 안 됩니다. 우리나라로서는 도의적인 책임을 통감하면서, 사죄와 반성에 입각하여 과거의 역사를 직시하고, 올바르게 이것을 후세에 전함과 동시에 까닭 모를 폭력 등 여성의 명예와 존엄에 관련된 모든 문제에도 적극적으로 대처해가야 한다고 생각하고 있습니다.

글을 맺으면서 여러 분들의 향후 인생이 평안하게 되기를 마음으로 기원합니다.

삼가 말씀드립니다.

2001년
일본국 내각총리대신 고이즈미 준이치로

2002.9.17, 평양

18. 일조평양선언

고이즈미 준이치로 일본국 총리대신과 김정일 조선민주주의인민공화국 국방위원장은 2002년 9월 17일, 평양에서 만나 회담하였다.
두 수뇌는 일조 간의 불행한 과거를 청산하고 현안사항을 해결하며, 내실 있는 정치, 경제, 문화적 관계를 수립하는 것이 쌍방의 기본 이익에 합치하며 지역의 평화와 안정에 크게 기여할 것이라는 공통의 인식을 확인했다.

1. 쌍방은 이 선언에서 나타낸 정신 및 기본원칙에 따라 국교정상화를 조기에 실현시키기 위해 모든 노력을 쏟기로 하고, 이를 위해 2002년 10월 중에 일조 국교정상화 교섭을 재개하기로 하였다.
   쌍방은 상호 신뢰관계에 의거하여 국교정상화 실현에 이르는 과정 중 일조 간에 존재하는 제 문제에 성의 있는 자세로 임한다는 강한 결의를 표명했다.

2. 일본 측은 과거의 식민지 지배로 조선 사람들에게 다대한 손해와 고통을 주었다고 하는 역사적 사실을 겸허히 받아들이고, 통절한 반성과 진심으로 사과한다는 마음을 표명했다.
   쌍방은 일본 측이 조선민주주의인민공화국 측에 대해, 국교정상화 이후 쌍방이 적절하다고 생각하는 기간 중에 무상자금협력, 저금리의 장기차관 공여(供與) 및 국제기관을 통한 인도주의적 지원 등의 경제협력을 실시하고, 또 민간경제활동을 지원한다는 견지에서 국제협력은행 등을 통한 융자, 신용 공여 등이 실시되는 것이 이 선언의 정신에 합치한다는 기본 인식하에 국교정상화 교섭에서 경제협력의 구체적인 규모와 내용을 성실하게 협의하기로 하였다.

쌍방은 국교정상화를 실현하는 것에 있어, 1945년 8월 15일 이전에 발생한 사유에 의거한 양국 및 양국 국민 모두의 재산 및 청구권을 서로 포기한다는 기본 원칙에 따라, 국교정상화 교섭에서 이에 대해 구체적으로 협의하기로 하였다.

쌍방은 재일조선인의 지위에 관한 문제 및 문화재 문제에 관해서는 국교정상화 교섭에서 성실히 협의하기로 하였다.

3. 쌍방은 국제법을 준수하고, 서로의 안전을 위협하는 행동을 하지 않기로 확인했다. 또한 일본 국민의 생명과 안전과 관련한 현안문제에 대해서 조선민주주의인민공화국 측은 일조가 비정상적인 관계에 있을 때 발생한 이와 같은 유감스러운 문제가 앞으로 다시 발생하는 일이 없도록 적절한 조치를 취할 것을 확인했다.

4. 쌍방은 북동아시아 지역의 평화와 안정을 유지하고 강화하기 위해 서로 협력해갈 것을 확인했다.

쌍방은 이 지역의 관련국 간의 상호 신뢰에 의거한 협력관계 구축의 중요성을 확임함과 함께, 이 지역의 관련국 간의 관계가 정상화되기 위해 지역의 신뢰양성을 꾀하기 위한 기본 틀을 정비해가는 것이 중요하다는 인식을 공유했다.

쌍방은 조선반도 핵문제의 포괄적 해결을 위해 관련된 모든 국제적 합의를 준수한다는 점을 확인하였다. 또 쌍방은 핵문제 및 미사일 문제를 포함한 안전보장상의 제 문제에 관해 관계 제국 간의 대화를 촉진하고, 문제해결을 꾀하는 것의 중요성을 확인했다.
조선민주주의인민공화국 측은 이 선언의 정신에 따라 미사일 발사의 모라토리엄을 2003년 이후에도 계속 연장해가겠다는 의향을 표명했다.

쌍방은 안전보장에 관련된 문제에 대해 협의해가기로 하였다.

일본국	조선민주주의인민공화국
총리대신	국방위원회 위원장
고이즈미 준이치로	김정일

후기

한국과 일본은 올해 국교정상화 50주년을 맞았다. 양국의 각지에서는 이를 기념하기 위해 국교정상화를 규정한 여러 조약 곧 한일협정을 되돌아보는 학술회의를 열고 있다. 매스컴에서도 특집을 꾸며 보도하고 있다. 그렇지만 한일관계가 최악이라는 현실을 반영한 셈인지, 국교정상화 50주년을 경축하는 분위기는 찾아보기 어렵다. 한일협정에서 식민지 지배에 대한 반성과 사죄 그리고 배상 등의 문제를 제대로 처리하지 못함으로써 한일관계의 위기를 초래했다는 인식이 널리 퍼져 있기 때문이다.

이런 찝찝한 상황 속에서 동북아역사재단의 조윤수 연구위원이 필자에게 '한일협정 바로알기'의 집필을 의뢰했다. 내가 한일관계의 역사를 전공한데다가 한일 간의 현안에 대해 자주 발언해온 것을 눈여겨본 듯했다. 그렇지 않아도 필자는 지금 한국과 일본이 겪고 있는 역사갈등을 극복하기 위해서는 한일협정의 태생적 한계뿐만 아니라, 그 후에 전개된 한일관계의 역사까지도 종합적·체계적으로 이해해야 한다고 생각하기 때문에 그의 제안을 덥석 받아들였다.

필자는 한일관계의 위기를 극복하기 위해서는 한국과 일본의 정치인·언론인 등의 여론주도층을 비롯하여 일반 국민 사이에 만연한 현대 한일관계사에 대한 무지와 오해, 편견과 왜곡 등을 불식해야 한다고 생각한다. 그런 뜻에서 나는 한일 국교정상화 50년을 맞아 이미 《주제와 쟁점으로 읽는 20세기 한일관계사》와 《한일의 역사갈등과 역사대화》를 출간한 바 있다. 이번에 내는 책은 그것의 후속 작업 곧 3부작이라고 할 수 있다.

한일 국교정상화 50년은 이제 하나의 역사가 되었다. 물론 한일 사이에는 많은 현안이 아직도 꼬리를 물고 있기 때문에 불완전한 역사 곧 진행형의 역사다. 그렇기는 하지만 역사연구자의 시선으로 해방 이후 전개된 한일관계의 전체 흐름 속에서 한일협정을 종합적·체계적으로 바라봐야 그 성격과 의미를 정확히 파악할 수 있다는 필자의 소신에는 변함이 없다. 이 점을 고려하여 나는 이 책의 주제와 제목을 '한일회담·한일협정, 그 후의 한일관계'로 설정했다.

그런데 필자에게 주어진 집필 기간은 한 달이 채 안 되었다. 한일협정이 조인된 6월 22일에 즈음하여 책을 간행하고 싶다는 게 동북아역사재단의 바람이었다. 책의 제작기간을 감안하면 2주일 남짓이 내가 사용할 수 있는 시간이었다. 그리하여 염치 불고하고 내가 요즘 집필한 글들을 대폭 활용할 수밖에 없었다. 그 결과 장·절에 따라서는 졸고를 뭉텅이 채 옮겨온 부분도 있다. 독자 여러분께서 이런 사정을 양해해주시면 고맙겠다. 이 책의 뼈대를 이루고 있는 졸고의 서지는 아래와 같다.

〈역사에서 본 한일관계와 문명전환〉,《역사교육》제128호, 역사교육연구회, 2013.
〈한일관계의 위기와 극복을 향한 오디세이 : 영토와 역사를 둘러싼 갈등을 중심으로〉,《영토해양연구》제5호, 동북아역사재단, 2013.
〈한일국교정상화 50년의 회고와 평가 그리고 과제〉,《한일협력의 미래비전 : 왜 서로 필요한가?》, 한국정치학회·일본정치학회·동아일보·아사히신문 심포지엄, 2015. 5. 23.
〈한일 역사인식과 과거사의 갈등을 넘어서〉,《한일관계, 이렇게 풀어라》, 김영사, 2015.
《주제와 쟁점으로 읽는 20세기 한일관계사》, 역사비평사, 2014.
《한일의 역사갈등과 역사대화》, 대한민국역사박물관, 2014.

이 책을 집필하는 데 선학의 연구 성과나 관련 자료 등을 많이 참조했다. 그렇지만 지면이 아주 한정된 이 책에서는 그것을 하나하나 밝히지 못했다. 선행의 연구 성과나 관련 자료에 대해 좀 더 많이 알고 싶은 독자들은 위의 졸고에 소개되어 있는 참고문헌 등을 참고하기 바란다.

　한일 국교정상화 50년을 맞아, 한일회담의 경위와 논점, 한일협정의 내용과 평가, 한일관계의 전개와 성취 등을 일목요연하게 이해하는 데 이 책이 도움이 되기를 바란다. 이 책의 후반에는 국교정상화 이후 한일관계의 굵직한 사안과 관련된 주요 문서의 전문을 게재했다. 그것들 자체가 한일관계의 우여곡절을 웅변하는 소중한 자료다. 옆에 두고 필요할 때마다 참고하면 편리할 것이다.

　한일관계의 위기를 타개하는 데는 여러 방법이 있다. 그러나 어떤 방법을 동원하든, 한일회담과 한일협정 그리고 그 후의 한일관계 전반에 대해 정확히 이해하는 것 이상으로 힘이 되는 것은 없다. 사람은 역사 속에서 교훈을 얻고, 역사는 사람을 지혜롭게 만들기 때문이다. 한일회담·한일협정, 그 후의 한일관계를 통일적 관점에서 종합적·체계적으로 정리할 수 있는 기회를 마련해준 동북아역사재단 관계자 여러분께 감사드린다. 그리고 한일관계에 관련된 주요 문서를 입력해준 서울시립대학교 대학원생 박현, 구주용, 김상은, 염진일 등에게 고맙다는 뜻을 전한다.

2015년 5월 5일 화창한 봄날
한일관계의 개선을 기원하며

정재정 씀

서울대학교 역사교육과를 졸업하고 도쿄대학 대학원에서 문학수사학위, 서울대학교 대학원에서 문학박사학위를 취득하였다.

일본방송교육개발센터, 국제일본문화연구센터, 도호쿠대학 외국인연구원, 홋카이도대학, 도쿄대학 특임교수를 역임했으며 한일관계사학회 회장, 동북아역사재단 이사장, 국사편찬위원회, 서울시사편찬위원회 위원으로 활동했다.

서울시립대학교 인문대학장, 대학원장을 역임하고 현재 국사학과 교수로 재직 중이며, 대한민국역사박물관, 한일미래포럼 자문위원장을 맡고 있다.

정재정

저서 ―
《일제침략과 한국철도》,《일본의 논리-전환기의 역사교육과 한국인식》,《한국의 논리-전환기의 역사교육과 일본인식》,《한일의 역사갈등과 역사대화》,《교토에서 본 한일통사》,《주제와 쟁점으로 읽는 20세기 한일관계사》,《新しい韓國近現代史》,《韓國と日本-歷史教育の思想》,《帝国日本の植民地支配と韓国鉄道》등을 저술했으며, 공저로《서울 근현대 역사기행》,《한국철도의 르네상스를 꿈꾸며》,《역사교과서 속의 한국과 일본》,《한국과 일본에서 함께 읽는 열린 한국사》,《한국과 일본의 역사인식》,《한일교류의 역사-선사에서 현대까지》,《서울 20세기 생활·문화 변천사》,《近代朝鮮の植民地工業化》,《黒船と日清戦争-歴史認識をめぐる対話》,《Historical Reconciliation in Europe and Asia Focusing on Textbook Issue》,《HISTORY EDUCATION AND RECONCILIATION Comparative Perspectives on East Asia》,《History Textbooks and the Wars-Divided memories》등과 번역서로서《한국병합사의 연구》,《식민통치의 허상과 실상》,《일본의 문화내셔널리즘》,《러일전쟁의 세기》등이 있다.